LA
Parole intérieure
ET L'AME

PAR

LE Dr A. NETTER

BIBLIOTHÉCAIRE UNIVERSITAIRE A NANCY
MÉDECIN PRINCIPAL EN RETRAITE
OFFICIER DE LA LÉGION D'HONNEUR ET DE L'INSTRUCTION PUBLIQUE

PARIS

BERGER-LEVRAULT & Cie
Éditeurs
5, RUE DES BEAUX-ARTS

FÉLIX ALCAN
Éditeur
108, BOULEVARD SAINT-GERMAIN

1892

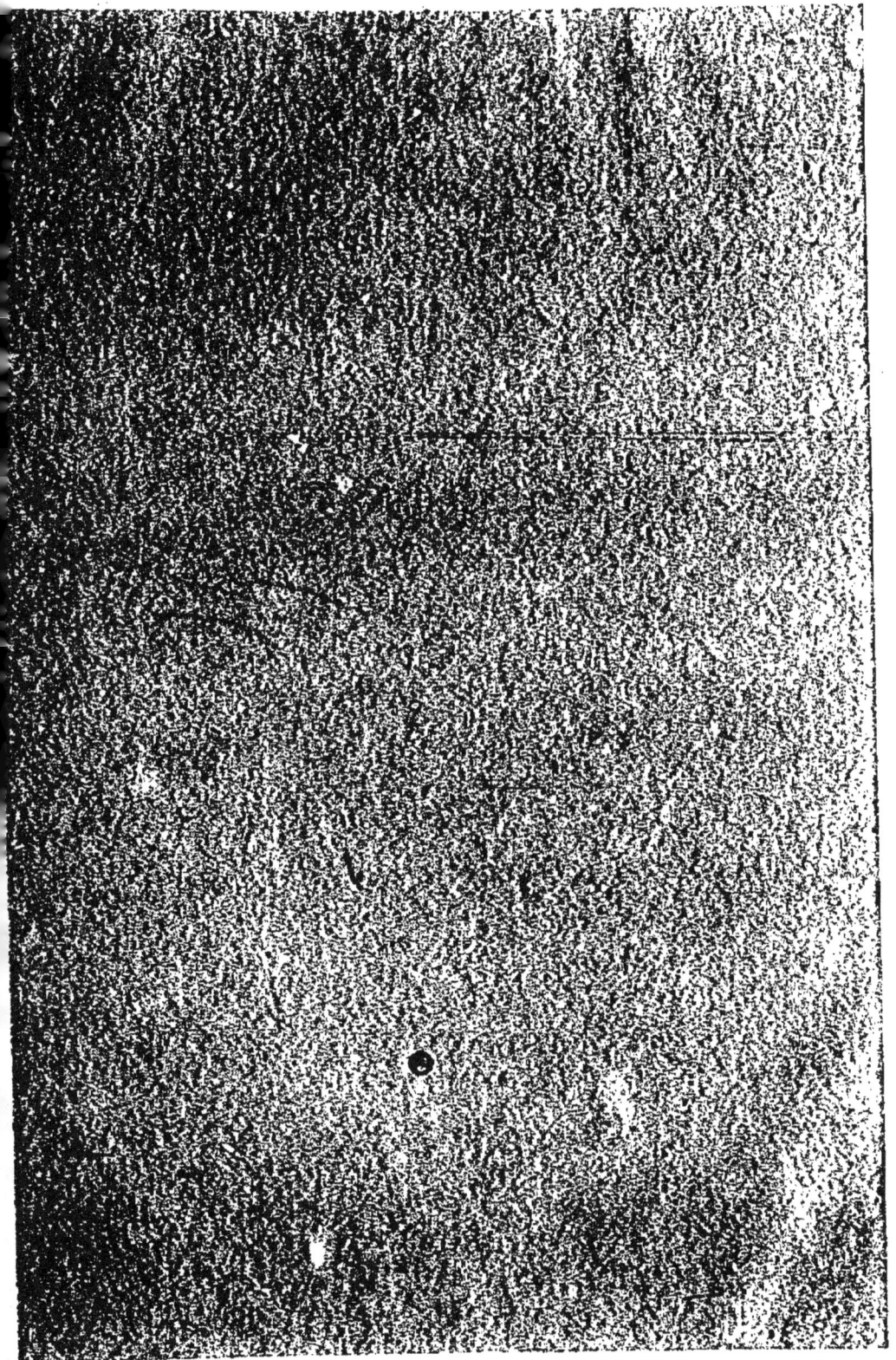

LA

Parole intérieure

ET L'AME

NANCY, IMPRIMERIE BERGER-LEVRAULT ET Cⁱᵉ.

LA
Parole intérieure
ET L'AME

PAR

LE Dr A. NETTER

BIBLIOTHÉCAIRE UNIVERSITAIRE A NANCY

MÉDECIN PRINCIPAL EN RETRAITE

OF   ER DE LA LÉGION D'HONNEUR ET DE L'INSTRUCTION PUBLIQUE

PARIS

BERGER-LEVRAULT & Cie	FÉLIX ALCAN
Éditeurs	Éditeur
5, RUE DES BEAUX-ARTS	108, BOULEVARD SAINT-GERMAIN

1892

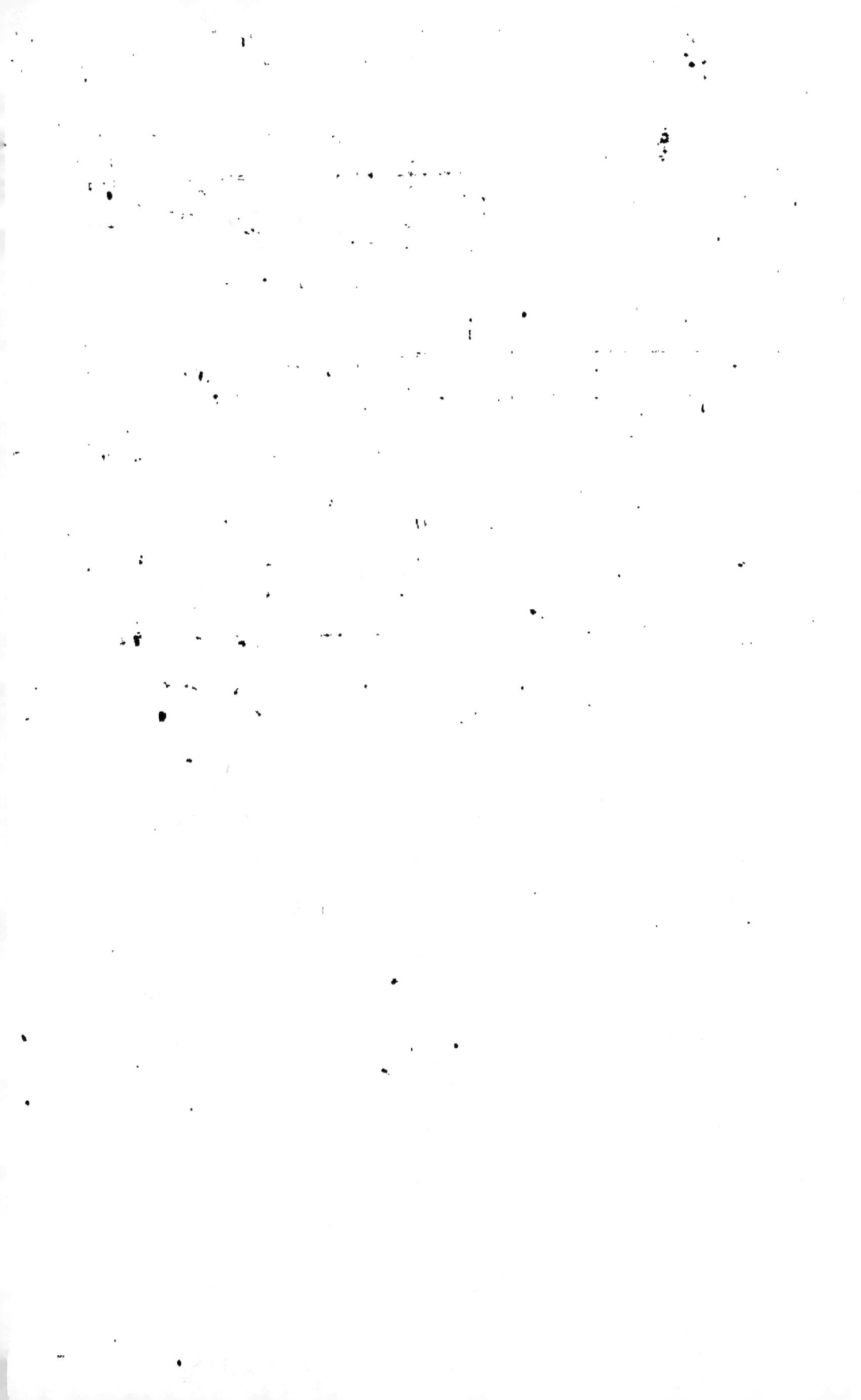

LA
PAROLE INTÉRIEURE
ET L'AME

———⟨⟩———

L'AME ET LE CERVEÁU

I

Sont-ce nos cellules cérébrales qui, en nous, pensent, réfléchissent, raisonnent, ou bien faut-il revenir à la tradition d'après laquelle chacun de nous aurait son *moi*, son moi métaphysique, pensant, réfléchissant, raisonnant avec le concours inconscient du cerveau, tout comme nous exprimons nos pensées au dehors avec le larynx et la langue, organes inconscients de la parole articulée? Certaine considération, tirée de ce que l'on appelle *langage intérieur*, *parole intérieure*, me semble résoudre d'emblée ce gros problème.

Quand l'homme pense, réfléchit, raisonne, il se parle à lui-même, mais tacitement, mentalement. Autrefois, chez les Grecs, *Logos*, signifiait à la fois *langage et pensée*. « La pensée, a dit Platon, est une parole dans l'âme, une parole de « l'âme à elle-même et sans qu'il soit proféré de « sons. » — Montaigne a écrit : « Ce que nous « parlons, il faut que nous le parlions première-« ment à nous, et que nous le fassions sonner au « dedans de nos oreilles, avant de l'envoyer aux « étrangères. » En 1881, M. Victor Egger a publié sur la *parole intérieure* un livre qui débute par cette ligne : « A tout instant l'âme parle inté-« rieurement sa pensée. »

Cela étant, je puis tout de suite aborder le problème soulevé, grâce à une donnée que tout le monde est forcé d'admettre. Combien de fois ne nous arrive-t-il pas de penser, de réfléchir à une question difficile, litigieuse, je veux dire, à une question susceptible d'être résolue dans un sens ou dans un autre ? Nous l'examinons alors sous ses multiples faces, et nous pesons les arguments pour et contre telle ou telle conclusion ; est-ce qu'alors ce sont nos cellules cérébrales qui discutent entre elles les points en litige, ou bien est-il en nous un *moi* se livrant à cette méditation ?

Supposons que ce soient nos cellules et, pour ne pas sortir de mon sujet, je veux laisser les miennes disserter, entreprise téméraire, sur le problème même du *moi*. L'une de mes cellules défendrait la doctrine d'Auguste Comte, une autre raisonnerait d'après les principes de Claude Bernard, une troisieme envisagerait les choses au point de vue du spiritualisme, enfin une quatrième se prononcerait en tant que moraliste. Écoutons leur colloque et si d'avance celui-ci fait rire, ce ne peut être qu'aux dépens de la philosophie positiviste qui m'a conduit à l'imaginer. Donnons d'abord la parole à une de mes cellules imbues de la doctrine d'Auguste Comte.

Dans l'univers entier, l'homme y compris, dit-elle, tout est ou physique, ou chimique, ou anatomique. Il n'y a rien de plus. Toute conception métaphysique est une illusion, une chimère. Donc, il faut se chasser de la tête la vieille idée d'un moi métaphysique. *Dixi*, j'ai dit.

Ré,onse d'une de mes autres cellules. — Moi, je suis de l'école de Claude Bernard. Oui, dans les sciences objectives, il faut absolument se soustraire aux conceptions métaphysiques, mais de là à nier toute métaphysique, à ne pas croire, par exemple, à une nature intime des choses, voire même à une cause première, il y a loin. Dans ma conviction, il y a quelque chose de plus que les phénomènes objectifs ; quoi ? Je ne sais, mystères impénétrables pour l'esprit humain, comme Claude Bernard n'a cessé de le répéter.

Réplique de la cellule positiviste. — Vous me la donnez belle ! Et l'autre principe fondamental de Claude Bernard, j'ai nommé le *déterminisme?* Si, en tout et pour tout, l'homme était soumis au déterminisme, comment se déterminerait-il de lui-même à telle ou telle action ?

Je demande la parole, dit une troisième de mes cellules, celle-ci spiritualiste.

L'objection contre Claude Bernard est péremptoire. En physique, ce n'est pas volontairement que la lumière se met à rayonner, et la foudre ne se demande pas si elle doit tomber sur un arbre ou sur une cheminée ; en chimie, l'oxygène né se concerte pas avec l'hydrogène pour la formation de l'eau, et, en botanique, quand les racines d'un arbre s'allongent vers la partie humide du sol, ce sont sans doute les molécules aqueuses venues de ce côté qui déterminent l'allongement dans la direction. Quelle différence avec le moi humain doué pour le moins de *la liberté d'examen*, liberté que toutes nous admettons.

Un mot, s'écrie ma cellule moraliste. Il n'y a pas que la liberté d'examen, mais encore la liberté d'action, celle de bien ou de mal faire. Proclamer que l'homme n'a pas le libre arbitre, c'est prêcher son irresponsabilité, excuser ses crimes, démoraliser la société entière, provoquer l'anarchie.....

Fureur des trois préopinantes qui, d'une commune voix, s'écrient : que la société se tire de nos systèmes comme elle pourra, c'est son affaire. Quant à nous, nous ne cesserons pas de dire ce que nous croyons être la vérité.

Riposte de la moraliste. — Belles vérités, en effet, que les trois vôtres, toutes contradictoires. Pourquoi ne pas reconnaître que vos vérités sont simplement des théories bonnes pour se reconnaître au milieu d'innombrables faits, mais n'ayant jamais rien eu de commun avec la certitude. Que de doctrines successives et opposées dans l'histoire des sciences et de la philosophie surtout ! Vous, notamment, chère cellule spiritualiste, si jusqu'ici vous n'êtes pas parvenue à réfuter les exagérations du positivisme et du déterminisme, ne serait-ce pas que, dominée par les systèmes exclusifs de la métaphysique, vous n'avez pas accordé au cerveau la part qui lui revient dans l'activité mentale ?

II

Ce badinage m'a permis d'arriver d'emblée au cœur même de mon sujet : *La Parole intérieure et l'âme.* Besoin est de prendre les choses d'un peu haut. En anatomie et en physiologie, il est aujourd'hui démontré que notre organisme, comme aussi celui des animaux, se compose d'un nombre indéfini *de cellules microscopiques,* — que chacune de ces cellules est un être *vivant,* — et que le groupe des cellules d'un même tissu (musculaire, osseux, pulmonaire.....) est comparable à une *société animale,* chaque groupe de cellules ayant sa fonction spéciale ; c'est ainsi que les cellules dont se compose le foie transforment, pour notre nutrition, certaine matière en sucre ; c'est ainsi que les cellules du pancréas préparent un liquide particulièrement nécessaire pour la digestion, pendant qu'à côté de ces deux sociétés animales, les fibres musculaires des parois intestinales (*fibres musculaires, cellules allongées*) font descendre le bol alimentaire dans le tube digestif graduellement, afin que les sucs nutritifs soient absorbés tout le long de la muqueuse intestinale, et ainsi de tous les tissus de l'organisme, tous fonctionnant dans l'intérêt général du corps ; or, le tissu cérébral est, de son côté, un composé de cellules, petits êtres microscopiques. Ce n'est pas tout.

Le cerveau est un organe complexe. Les cellules y sont réparties aussi par groupes dont chacun a son attribution spéciale, groupes que la physiologie isole tous les jours davantage sous la rubrique *localisations cérébrales*. Et voici que, par la plus heureuse des rencontres, les mieux connus de ces groupes cérébraux sont précisément ceux qui fonctionnent pour notre double langage intérieur et extérieur.

Deux groupes de cellules pour notre langage mental, deux groupes pour notre langage proprement dit, voilà, jusqu'à nouvelles recherches, le bilan médico-physiologique actuel. Dans cette étude, il sera seulement question des deux groupes contribuant à notre langage *intérieur*. Dans l'un d'eux, est-il dit en médecine, se trouvent réunies toutes les *images auditives* des mots *articulés*, dans l'autre, toutes les *images visuelles* des mots *écrits*. En quoi consistent ces images ? C'est ce dont il sera traité tout à l'heure. Certes, per-

sonne n'a encore vu ces images; mais leur existence s'est révélée indirectement à l'occasion d'une
maladie de découverte récente, maladie dite *aphasie*, oubli de l'une ou de l'autre catégorie des
mots.

Certains malades ne comprennent plus un mot
de ce qu'on leur dit, mais on s'entretient très
bien avec eux par écrit. Entendant les moindres
bruits, ils ne semblent sourds que relativement aux
mots articulés. C'est la variété d'aphasie dite *surdité verbale, surdité des mots*. Réciproquement, il
y a des malades avec lesquels on parle comme
d'ordinaire, mais qui ne peuvent plus lire, affection dite *cécité verbale*, cécité des mots. Ceux-ci
voient tout ce qui est autour d'eux, le livre qu'on
leur présente, la page avec ses caractères typo-
graphiques, mais l'agencement des lettres leur
échappe. Quelques-uns même ne distinguent plus
les lettres, *cécité littérale*. A l'autopsie, c'est l'une
ou l'autre des deux zones cérébrales du langage
intérieur qui se trouve lésée, selon qu'il y a eu
surdité verbale ou cécité verbale. Ce sont ces
constatations et mainte autre afférente qui ont
fait admettre le double compartiment des images
auditives et visuelles; or, comme j'espère le montrer, il y a là toute une série de nouvelles preuves

en faveur de notre moi métaphysique, et aussi la démonstration que les cellules cérébrales jouent un rôle considérable dans le fonctionnement de notre langage intérieur. A cet égard, il est certain fait *psychologique* connu de tout le monde, mais jusqu'ici superficiellement analysé, malgré son importance qui me semble dominante.

III

Nous sommes libres de parler ou de garder le silence, libres d'écrire ou de ne pas écrire, mais nous sommes-nous mis à faire l'un ou l'autre, les mots nous arrivent d'eux-mêmes. J'en atteste le vers de Boileau :

Et les mots, pour le dire, arrivent aisément,

et plus encore ces lignes si remarquables de Mme de Sévigné : « Avec quel respect les mots viennent « s'offrir à vous et à l'arrangement que vous en « faites ! »

Oui, les mots nous arrivent d'eux-mêmes, comme d'eux-mêmes ; mais notre moi, conservant sa liberté et sa suprématie, ne cesse pas de dominer les mots, acceptant l'un, écartant l'autre, reprenant le mot lâché, rayant le mot écrit, et finalement procédant à leur arrangement.

Qu'est-ce donc que les mots pour nous arriver ainsi d'eux-mêmes ? Qu'appelle-t-on *mot ?* « *Une* « *ou plusieurs syllabes réunies qui expriment une* « *idée* », dit le *Dictionnaire de l'Académie*, définition que Littré, dans son *Dictionnaire de la langue française*, a remplacée plus explicitement par celle-ci : « *Son* monosyllabique ou polysyllabique, composé de plusieurs articulations, qui a un *sens.* »

On voit qu'en dernière analyse, tout mot se trouve être un *son* qui a un *sens*. Donc, tout mot considéré en lui-même, abstraction faite de la signification qui y est attachée, tout mot est un *son;* est-ce que les mots de notre langage intérieur, nos mots mentaux, ceux avec lesquels nous pensons, sont aussi des sons ? Laissons parler M. Egger. Après avoir rappelé quels sont les caractères physiques de ce que l'on appelle *son*, le psychologue, se basant sur l'observation intérieure, s'exprime en ces termes : « *Les caractères* « *physiques* du son se trouvent tous dans la parole « *intérieure....*, *rythme, hauteur* et *intensité*. Reste « un quatrième caractère, le *timbre ;* il appartient « également à la parole, *et il se retrouve aussi dans* « *la parole intérieure...* La parole extérieure est

« un *état fort*, la parole intérieure, un *état faible*....
« La parole intérieure... est donc comme un son
« très faible, comme un murmure.... — Chacun
« peut observer, avait déjà dit Herzen, qu'en li-
« sant des yeux, on entend intérieurement le son
« des paroles que l'on voit. » Que de fois, ajoute-
rai-je, une personne absorbée dans ses pensées,
ne se parle-t-elle pas tout haut à elle-même, pas-
sant subitement du murmure du langage intérieur
aux éclats de la voix articulée (voir aussi sur ce
point le livre du Dr Ballet : *Le Langage intérieur
et les diverses formes de l'aphasie*).

Cependant dire *son*, c'est dire *ondulations, vibrations* ; quel est l'élément cérébral qui pourrait
bien onduler ou vibrer dans le moment où un
mot nous arrive à l'esprit ? Cette nouvelle question me conduit à rechercher la signification pré-
cise de ce que l'on appelle *images cérébrales auditives* et *visuelles*.

IV

Une mère montrant de temps à autre quelque
objet à son tout jeune enfant, lui en dit tour
à tour le nom et, un jour, se trouvant avec lui
dans un jardin, elle en vient au mot *arbre* ; com-

ment procède-t-elle ? Indiquant du doigt l'arbre,
elle prononce le mot ; or l'enfant regardant l'arbre en reçoit l'image sur la rétine, mais instantanément aussi le son du mot a frappé son tympan. Simultanément encore, ces deux impressions
ont été transmises à son cerveau, l'une par le
nerf optique, l'autre par le nerf acoustique, impressions cérébrales désignées en médecine sous
les dénominations respectives d'images cérébrales *auditives* et *visuelles*. Ces impressions cérébrales, est-il dit encore, consistent en *empreintes,* et ce sont ces empreintes qu'on appelle
images. Eh bien, ces empreintes déterminées ici
par la lumière, là par des ondes sonores, sont,
ipso facto, des images *photographiques* et *phonographiques*. Justifions d'abord l'expression *images
photographiques*. Je lis dans le livre déjà cité du
Dr Ballet : « Une ataxique du service de M. Charcot,
« aveugle par atrophie des nerfs optiques, avait
« la vision mentale fort nette de maisons, de bri-
« ques, d'arbres, d'enfants jouant autour d'elle.
« Depuis sept ou huit ans, cependant, son cerveau
« n'avait perçu aucune impression lumineuse.....
« M. Delbœuf cite un homme qui avait perdu la
« vue depuis 35 ans et cependant avait des visions
« dans ses rêves... Chez les peintres qui exercent

« constamment leur centre visuel et chez qui,
« d'ailleurs, l'aptitude pour le dessin et la cou-
« leur témoigne d'une activité particulière de ce
« centre, les représentations visuelles se produi-
« sent souvent avec une intensité telle qu'elles
« confinent à l'hallucination. C'est certainement
« à cette faculté de conserver vive *l'empreinte* des
« sensations de la vue, que Horace Vernet et Gus-
« tave Doré devaient de pouvoir reproduire, j'al-
« lais dire copier, un portrait de *mémoire....*

« Un peintre, dont Wigan rapporte l'histoire,
« n'avait pas besoin de plus d'une séance pour
« peindre un portrait. Il devait cette étonnante
« facilité à un pouvoir de représentation mentale
« très grand. Lorsqu'un modèle se présentait, ra-
« conta le peintre de Wigan, je le regardais atten-
« tivement pendant une *demi-heure*, esquissant de
« temps en temps ses traits sur la toile. Je n'avais
« pas besoin d'une plus longue séance. J'enlevais
« la toile et je passais à une autre personne.
« Lorsque je voulais continuer le premier por-
« trait, je prenais l'homme *dans mon esprit*, je le
« mettais sur la chaise, *où je l'apercevais aussi*
« *distinctement que s'il y eût été en réalité....* Je regar-
« dais de temps en temps la figure imaginaire et
« je me mettais à peindre ; je suspendais mon tra-

« vail pour examiner la pose, comme si l'original
« eût été devant moi ; *toutes les fois que je jetais les*
« *yeux sur la chaise, je voyais l'homme*, etc., etc.

En présence de semblables données, comment
les images cérébrales visuelles consistant en *empreintes* ne seraient-elles pas *photographiques?*
Est-ce que cet adjectif ne vient pas précisément de
deux mots grecs dont l'un signifie *lumière*, le second, entre autres acceptions, *dessiner, peindre?*
Quant aux images jusqu'ici qualifiées d'*auditives*,
plus évidemment encore, si possible est, celles-ci
sont *phonographiques :* en quoi consistent les images auditives? en empreintes, dit encore la
science ; — empreintes produites par quoi? par
des ondulations sonores venues du dehors et arri-
vées au cerveau à travers le tympan et le nerf
acoustique ; — est-ce qu'en certains moments ces
empreintes donnent lieu à des sons? Il y a lieu
de le croire, la psychologie elle-même ayant relevé dans les sons intérieurs tous les caractères
physiques du son proprement dit. A tous égards,
les images dites *auditives* sont phonographiques.
Entendons-nous. Mon idée n'est pas qu'avec un
microscope suffisamment grossissant on constate-
rait sur les cellules, *de visu*, ici des inscriptions
semblables à celles que présente l'appareil d'Edi-

son, là des images daguerriennes. Quelle que soit la forme des empreintes cérébrales, je me borne à dire qu'ayant été déterminées les unes par la lumière, les autres par les ondes sonores, mieux vaut les appeler *phonographiques* et *photographiques* qu'auditives et visuelles, expressions vagues qui me paraissent avoir obscurci la question, comme j'espère le faire voir dans la suite de cette étude.

Revenons au petit enfant que l'on commence à initier au sens de mots.

V

La mère indiquant l'arbre du doigt, prononce le mot, et voici que, chez l'enfant (rappelez-vous l'admission des deux zones du langage intérieur), l'image phonographique du son *arbre* sera enregistrée dans un des compartiments du cerveau, tandis que l'image photographique de l'arbre se fixera, à quelque distance de là, dans un autre compartiment. Et comme il en est ainsi pour toutes les premières notions que l'on donne à l'enfant, il s'ensuit que chaque mot dont il apprend la signification, se trouve dissocié de même dans son cerveau en deux images distinctes et séparées. Une conséquence immédiate de cette donnée est la suivante. Quand la mère a renouvelé de fois à autre le petit apprentissage relatif à l'arbre et que l'enfant, à la seule audition du mot, tournera la tête de lui-même vers un arbre, l'indiquant à son tour de là main ; est-ce qu'alors c'est une cellule auditive de son cerveau qui aura saisi le rapport avec la cellule visuelle d'à côté? M'est avis que c'est l'enfant, le moi de l'enfant, qui a saisi ce rapport.

La médecine qui a si bien élucidé cette dissociation des images, n'aurait-elle pas travaillé, sans s'en douter, à la restauration de notre moi métaphysique, un et indivisible?

De l'enfant je passe à l'adulte, à l'homme fait, me bornant à une seule remarque. Quand l'homme se parle mentalement, c'est uniquement, exclusivement, avec des mots. *Exemple*. Si quelqu'un se dit mentalement : *Demain, j'irai à la chasse*, il se le dit sans que son cerveau ou son esprit lui présente simultanément les images des lièvres, des perdrix, du fusil, de la carnassière, moins encore, à propos du mot *demain*, les images successives du soleil couchant, de la nuit et du jour se levant. Il se dit simplement : *Demain, j'irai à la chasse*. Cette remarque a son importance, eu égard à la conviction dans laquelle on est de nos jours que les animaux pen-

sent, réfléchissent, raisonnent comme l'homme.
Il faudrait cependant nous faire connaître avec
quels mots ou quels autres signes *conventionnels*
un chien pourrait se dire *in petto :* Demain, j'irai à
la chasse. Sans doute il a comme nous dans son
cerveau les images photographiques du fusil, de
la carnassière, des lièvres et des perdrix, mais ce
n'est pas avec celles-ci que nous, nous pensons,
réfléchissons, raisonnons.

J'arrive aux *mots écrits.*

VI

L'enfant apprenant à lire vers l'âge de quatre
ans, son musée d'images visuelles s'enrichira encore des images de tout ce qu'il verra sur le papier, *lettres de l'alphabet, mots imprimés ou écrits,
chiffres.* Eh bien, l'enfant ne tardera pas à comprendre que le mot *arbre* qu'il a entendu prononcer
et le mot *arbre* typographié ou écrit s'appliquent
à un seul et même objet, et peu après, ce qui est
encore plus remarquable, que les chiffres abstraits
1, 2, 3, 4,... représentent telle ou telle quantité,
quelle que soit la nature des choses comptées ; ô
supériorité de l'intelligence humaine jusque chez
l'enfant !

Les images cérébrales graphiques ne font non plus doute pour la science. En plus de la preuve tirée de la variété d'aphasie dite *cécité verbale*, une seconde preuve, celle-ci directe, est la suivante. Il y a des personnes qui, sans être aucunement malades, voient, en pensant, les mots écrits dans leur tête. On lit dans le livre de M. Ballet : « Ces personnes n'*entendent* pas leur pensée, elles « la *lisent*. C'est en faisant allusion à elles que « Charma qui lui-même était *visuel* a pu dire : « *Nous pensons notre écriture....* — Quelques per- « sonnes (en petit nombre), a dit M. Galton, « voient mentalement comme imprimé chaque « mot qu'elles prononcent. Elles se servent de « l'équivalent visuel et non de l'équivalent audi- « tif du mot. Et en parlant, elles lisent les mots « comme s'ils étaient imprimés sur une de ces « longues bandes de papier dont on se sert dans « la transmission des dépêches télégraphiques. » — On dit de ces individus qu'ils sont *visuels* par opposition à ce que l'homme est généralement, à savoir, *auditif*. Cependant, comme on le verra plus loin, personne n'est exclusivement visuel.

VII

Une particularité des cellules, non encore mentionnée dans cette étude, consiste dans leurs *commissures*. On appelle ainsi le filament nerveux que chaque cellule offre à une de ses extrémités. C'est par les commissures que les cellules sont reliées entre elles, soit dans un même groupe, soit d'un groupe à l'autre, reliées non pas de voisine à voisine, mais entre cellules distantes. Les cellules sont aussi reliées aux nerfs sensitifs, nerf optique, nerf acoustique,.... qui, arrivés au cerveau, s'y subdivisent en filets de plus en plus fins. C'est du point de vue de ces dispositions anatomiques que la physiologie explique ce qu'en psychologie on appelle *reconnaissance*. Si nous reconnaissons un objet qu'on nous présente, c'est que l'image de cet objet venant se peindre sur notre rétine, actionne aussitôt dans notre cerveau telle cellule qui en a été empreinte antérieurement. Lisons-nous, chaque mot imprimé vient rejoindre de même son empreinte intérieure. Il en est encore ainsi pour les mots que nous entendons prononcer, tel son faisant vibrer dans notre cer-

veau le même son enregistré précédemment. Il y
a plus; lisons-nous et parlons-nous simultanément, je veux dire, *lisons-nous à haute voix*, les
images reçues par l'œil vont tour à tour réveiller
par contre-coup les images auditives des mêmes
mots ; lesquelles donneront l'impulsion à d'autres
cellules, celles-ci réglant l'articulation de la parole. Tout cela semble tenir du merveilleux,
mais tout cela est ainsi, car très certainement
dans nos lectures, chaque mot imprimé vient à
à son tour se peindre sur notre rétine, et le reste
s'ensuit.

Telles sont les explications et considérations
préliminaires, grâce auxquelles je crois pouvoir
déterminer la part respective du cerveau et de
l'esprit dans la parole intérieure.

LA

PART DU CERVEAU

DANS LA PAROLE INTÉRIEURE

Parmi les données jusqu'ici recueillies, il en est une qu'il est nécessaire de reproduire, parce qu'elle est fondamentale. Nous sommes libres de porter notre attention sur une question ou sur une autre, libres de parler ou de garder le silence, libres d'écrire ou de ne pas écrire, et les mots nous arrivant, c'est notre moi qui en reconnaît la signification, *celle-ci conventionnelle*. Les mots nous arrivent et notre moi accepte l'un, écarte l'autre, reprenant le mot lâché, raturant le mot écrit, se tourmentant même lorsque le mot propre ne lui vient pas.

Les mots nous arrivent, mais d'où nous viennent-ils ? D'après la psychologie séculaire, ils nous seraient fournis par *la mémoire* ; or, la mémoire étant la faculté que nous avons de nous les rappeler, comment les mots, sons intérieurs ayant tous les caractères physiques du son proprement dit, résideraient-ils dans une *faculté!* Réagissant contre cette conception par trop logomachique, les positivistes n'ont rien trouvé de mieux que de nous supprimer le moi, ayant oublié qu'avec le cerveau pensant, se parlant à lui-même, ce sont nos cellules cérébrales qui, dans une question difficile, échangeraient leurs idées et finiraient par se disputer entre elles.

Les mots nous arrivent, mais d'où nous viennent-ils ? D'où ? Évidemment des empreintes phonographiques, déterminées originairement dans le cerveau par les ondes sonores venues du dehors, de sorte que seules les cellules cérébrales, êtres vivants porteurs de ces empreintes, peuvent nous envoyer les mots. Que dites-vous là ! Mais vous retombez dans l'explication positiviste que vous avez commencé par repousser, et voici les cellules du langage intérieur érigées par vous-même en êtres intelligents, conscients, sachant ce qu'ils font ! — Non, mille fois non. Transformant le glycogène en sucre, les cellules du foie savent-elles ce qu'elles font ? Est-ce en connaissance de cause que les cellules du pancréas sécrètent le suc destiné à émulsionner les matières grasses ?

Est-ce volontairement et ayant la digestion en vue que se contractent les fibres musculaires de l'intestin ? Devrait-il être besoin de faire remarquer que ce qui caractérise l'intelligence dans les *sociétés animales inférieures,* c'est précisément l'intelligence la plus étonnante jointe à l'inconscience la plus absolue ? A un degré moins bas de l'échelle zoologique, ne voyons-nous pas les fourmis construisant des nids d'une architecture admirable et faisant des guerres méthodiques comme si elles étaient commandées par le plus habile des ingénieurs ou le plus impeccable des stratèges ? Cependant c'est chose acquise qu'elles ne sont dirigées par aucune d'entre elles. Si, parmi nos modernes zoologistes, il en est qui accordent à ces insectes l'entente par le langage *antennal,* c'est, à tort ou à raison, pour d'autres de leurs travaux et non pour ceux-là. Au surplus, lisez les *Souvenirs entomologiques* de M. Fabre, et vous trouverez les preuves accumulées de ce que cet observateur appelle si catégoriquement *la science et l'ignorance de l'instinct.* Mais qu'est-il besoin ici de preuves multiples ? Tout le monde sait ce qui se passe chez les abeilles d'une ruche, la reine venant à mourir. La reine, c'est, dans la ruche, la seule femelle qui soit féconde, et voici qu'après

sa mort les ouvrières se façonnent une nouvelle
pondeuse, élargissant la case d'une de leurs lar-
ves, et donnant à celle-ci on ne sait quelle nourriture spéciale ; où ont-elles appris cela ? Inconscience absolue et science étonnante, caractère de
l'intelligence au bas de l'échelle zoologique.

Hélas, hélas, c'est le principe de l'identité des
deux intelligences humaine et animale qui domine
aujourd'hui, au point que tout naguère un célèbre
savant, racontant les guerres des fourmis, a osé
s'exprimer en ces termes: « Dans les guerres épiques
« qu'elles se livrent de tribu à tribu, elles se con-
« certent les unes pour l'attaque, les autres pour
« la défense. Des conseils s'assemblent pour pré-
« parer la guerre d'une fourmilière et prendre
« jour ; des courriers vont et viennent dans les
« tribus, on envoie des éclaireurs, et, d'après
« leurs rapports, l'attaque est différée ou résolue
« immédiatement ; dans ce dernier cas, à un si-
« gnal donné, tout s'ébranle, on se met en marche,
« on arrive devant la place. Par ordre du géné-
« ralissime, des fourmis se détachent du gros de
« l'armée, soit pour aller en parlementaires som-
« mer l'ennemi de se rendre, soit pour explorer
« les abords de la fourmilière et voir par quel
« côté elle est le plus accessible à l'attaque. Le

« plan est alors conçu et l'assaut livré.... Si la
« résistance de l'ennemi se prolonge, ou si le gé-
« néralissime se sent trop faible pour vaincre, il
« envoie ses aides de camp demander du renfort
« à la tribu..... » Tableau brillant, éloquent, mais
de la plus haute fantaisie, tous les entomologistes
reconnaissant que les fourmis ne sont dirigées
par l'une d'entre elles pas plus dans les guerres
que dans la construction des nids. Qu'est-ce qui
a pu amener Broca, c'est de Broca qu'il s'agit, à
écrire semblables choses ? Voici : « On comprend,
« dit-il en terminant, que tout ce mouvement et
« toute cette stratégie seraient absolument impos-
« sibles sans une entente complète des chefs avec
« les soldats, sans des ordres donnés et reçus. »

Seraient absolument impossibles ! Non, en fait
d'inconscience, rien n'est impossible au bas de
l'échelle zoologique.

C'est de ce dernier point de vue que, revenant à mon sujet, je crois pouvoir expliquer le
mécanisme de la parole intérieure. Rappelons-
nous les conditions anatomiques de sa production.
Dans le cerveau, tant chez l'animal que chez
l'homme, les cellules, êtres vivants, se trouvent
groupées par zones selon la nature de leurs fonctions spéciales dites *localisations cérébrales*. Mais

chez l'homme, il y a la particularité que l'on sait.
Dans le lobe gauche de notre cerveau, quatre
groupes de cellules coopèrent au langage, deux
groupes fonctionnant pour le langage mental,
deux autres pour le langage oral. — Dans chacun
de ces groupes et aussi d'un groupe à l'autre, les
cellules sont reliées entre elles par des filaments
nerveux, sorte de fils électriques qui assurent
leur entente instantanée, mais entente aussi inconsciente que celle qui existe entre abeilles se
façonnant une pondeuse. — Pensons-nous, nous
parlons-nous mentalement, les sons intérieurs
sont envoyés, murmurés à notre moi, par les
cellules qui sont empreintes d'images auditives,
et elles nous les murmurent sans savoir ce
qu'elles font, ce qui n'a rien de surprenant, en
fait d'intelligence à la fois étonnante et inconsciente, rien n'étant impossible au bas de l'échelle
zoologique.

Cette manière de voir ne me semble pas pouvoir être rejetée *à priori,* attendu que les deux
théories aujourd'hui régnantes ne supportent plus
l'examen ; comment en effet continuer à admettre
avec la psychologie que des sons résident dans la
mémoire, faculté de nous les rappeler ! Quant à
la théorie positiviste, celle-ci ne conduit-elle pas

aux conversations et disputes entre cellules ! Peut-
être trouvera-t-on un jour quelque quatrième
explication ; mais, en attendant, la mienne me
semble pour le moins acceptable, se résumant en
ces trois propositions :

1° Penser, c'est se parler mentalement ;

2° Les mots nous arrivent comme d'eux-mêmes ;

3° Les cellules empreintes des images auditives
émettent les sons dont seul notre moi connaît
la signification *conventionnelle*.

Paradoxe ! — Non, théorie sérieuse, ce dont
on jugera par tout ce qui va suivre.

Pourquoi écarterait-on mon explication *à priori*?
N'avons-nous pas les deux groupes de cellules du
langage extérieur en plus des deux groupes du
langage intérieur? Or, écrivant en ce moment, je
ne prête pas la moindre attention aux mille et
une évolutions de ma plume. Ce sont les cellules
cérébrales du groupe graphique qui la dirigent,
dit la physiologie. Voici donc des cellules ne
pouvant savoir ce qu'elles font, tout en se trouvant associées à nos pensées. Parlons-nous et, —
est-il encore dit en physiologie, — ce sont les
cellules du groupe oral qui déterminent les sons
si variés de notre voix articulée. Créatures microscopiques, les cellules du langage extérieur ac-

complissent inconsciemment leur mission naturelle. Cela étant, pourquoi les cellules auditives
ne murmureraient-elles pas tout aussi inconsciemment les sons de la parole intérieure ? Hom-
mage ici à Broca pour sa grande découverte de la
troisième circonvolution frontale gauche comme
centre moteur de la parole articulée, découverte
anatomique dont il n'a pu saisir la portée spiritualiste par suite de certaines idées préconçues
que j'aurai l'occasion de signaler vers la fin de
cette étude. En attendant, je veux montrer comment, avec mon explication, on voit plus clair
dans les multiples et diverses questions de science
et de philosophie afférentes à mon sujet, à commencer, ô surprise, par celle de Socrate consul-
tant son démon et de Jeanne d'Arc écoutant ses
voix.

VARIÉTÉS VIVES

DE LA PAROLE INTÉRIEURE

Un chapitre du livre de M. Egger, intitulé : *Variétés vives de la parole intérieure,* est consacré à Socrate qui *consultait son démon* et à Jeanne d'Arc qui *écoutait ses voix :* « Ce sont là, dit l'auteur, « deux exemples de la divinisation de la parole « intérieure morale en même temps que de son « attribution à une personnalité étrangère. » — Ramenée à ma théorie, l'explication serait que chez les deux personnages dominés exclusivement, l'un, par l'amour de la sagesse, l'autre par l'amour de la patrie, le mécanisme cérébral de la parole intérieure a été adéquat aux sentiments moraux dont ils étaient animés. N'est-ce pas aussi dans ce sens qu'on pourrait interpréter le passage biblique concernant le prophète Élie qui, un jour, au mont Horeb, s'est trouvé, selon la Bible, en présence de Dieu ? L'Éternel n'était ni dans la violente tempête qui brisait les rochers, ni dans le sol secoué (tremblement de terre), ni dans le feu. Mais, « après le feu, il y eut *le son d'un doux* « *murmure (Kôl dmomoh dakoh)*, et Élie se couvrit « le visage de son manteau. »

N'envisageons que le fait de Jeanne, le plus rapproché de notre temps. Profondément affectée des malheurs de la patrie, elle a eu *l'intuition* de ce qu'il y avait à faire, et son cerveau lui a murmuré les sons de ses pensées. Chez elle, les sons intérieurs ont été si forts, si intenses, qu'ils lui ont semblé venir du dehors et, les *écoutant,* elle a exécuté ce qu'ils lui dictaient. Je viens de dire qu'elle a eu *l'intuition* de ce qu'il y avait à faire ; c'est que, *dans les innovations,* l'intuition est *l'aptitude à voir des choses que le commun des hommes ne voit pas,* définition donnée par moi ailleurs et acceptée par Littré [1]. C'est l'esprit, c'est l'âme de Jeanne qui a eu l'intuition, le *sentiment* de ce qu'il fallait faire.

Entre les variétés vives de la parole intérieure et le fait général que, dans nos méditations, les mots nous arrivent comme d'eux-mêmes, il n'y a

1. A. Netter, *De l'Intuition dans les découvertes et inventions,* 1879.

Littré, *De l'Origine des sauvages. Nouvelle Revue,* 1880, t. V.

qu'une différence de degré. Chez Jeanne comme
chez Socrate, les sons intérieurs ont été d'une
intensité telle que Jeanne en est venue à les écou-
ter, Socrate à les consulter.

J'arrive aux personnes dites *visuelles,* celles-ci
lisant mentalement leurs pensées, les voyant im-
primées dans leur cerveau comme sur la bande
d'une dépêche télégraphique.

MÉCANISME

DE LA PAROLE INTÉRIEURE

CHEZ LES INDIVIDUS DITS VISUELS —

Contrairement à toute attente, le mécanisme de la parole intérieure chez le visuel ne diffère pas fondamentalement de ce qu'il est chez l'auditif, ce que je crois pouvoir montrer en quelques lignes.

a) Penser avec les mots écrits peut seulement être une habitude qui s'est contractée dans le cours de la vie, *car, à moins d'être né sourd, tout enfant est auditif jusque vers l'âge de trois à quatre ans où il apprend à lire.*

b) Devenu définitivement visuel, l'individu n'en reste pas moins auditif, puisque dans les conversations (je m'étonne d'être le premier à en faire la remarque), il comprend tout ce qui se dit; ne faut-il pas que les paroles qu'il entend prononcer arrivent tout d'abord à ses empreintes auditivés? est-ce que dans les conversations, parlant à son tour, le visuel lirait encore sa pensée? Cela serait, qu'il y aurait seulement chez lui remplacement subit des mots entendus par les mots écrits. Semblable instantanéité n'aurait rien de surprenant eu égard à ce qui a lieu lorsqu'il nous arrive de lire à haute voix, nos cellules auditives et nos cellules à images visuelles fonctionnant alors tour à tour instantanément. Une remarquable observation d'aphasie, due à M. Charcot, vient du reste confirmer ici ma manière de voir.

« M. K..., Autrichien, est un homme fort instruit, connaissant parfaitement l'allemand, l'espagnol, le français et aussi le latin et le grec classique. Il était visuel au plus haut degré, tant pour les images de personnes et d'objets que pour celles des mots écrits ; c'est ainsi qu'il ne pouvait se rappeler une pièce de théâtre qu'il avait vu jouer, sans qu'aussitôt il n'évoquât les détails de la mise en scène, le jeu des acteurs, le spectacle de la salle elle-même. Recherchait-il un fait, un chiffre relaté dans sa correspondance volumineuse et faite en plusieurs langues, il les retrouvait mentalement dans les lettres elles-mêmes qui *lui apparaissaient* dans leur teneur exacte, avec les moindres détails, irrégularités et ratures de leur

rédaction. Tel était son état quand des préoccupa-
tions graves lui survinrent en affaires commerciales. Il perdit l'appétit et le sommeil ; mais ses
affaires ne tardèrent pas à s'arranger. Cependant
l'émotion avait été si vive que M. K.... constata
brusquement en lui un changement profond. La
mémoire visuelle des formes et des couleurs ainsi
que celle des mots écrits avaient totalement dis-
paru ; ce fut chez lui un complet désarroi, au
point qu'il se crut menacé d'aliénation mentale,
mais « il reconnut peu à peu qu'il pouvait, par
« d'autres moyens, en invoquant d'autres formes
« de la mémoire, continuer à diriger convenable-
« ment ses affaires commerciales. » Aussi n'a-t-il
pas tardé à prendre son parti de cette situation
nouvelle, étant devenu dès lors auditif. « Il a été
« conduit, pour ainsi dire instinctivement, dit
« M. Charcot, à développer sa mémoire auditive
« qu'il avait, semble-t-il, jusque-là fort négligée...
« C'est donc là un nouvel exemple de ces *sup-*
« *pléances* que l'on rencontrerait sans doute à
« chaque pas dans l'histoire de l'aphasie, si on
« les y cherchait plus attentivement[1]. »

Est-il besoin de faire remarquer que le sujet de

---

[1]. *Œuvres complètes de Charcot*, t. III.

cette observation a été auditif à toutes les époques de son existence, ayant toujours entendu et compris ce qui se disait autour de lui? Sa mémoire visuelle avait donc été une mémoire secondaire, faculté acquise d'évoquer instantanément les images visuelles, notamment les images des mots écrits, de sorte que cette faculté s'étant perdue, il est resté ce qu'il n'avait jamais cessé d'être, à savoir auditif.

Conclusion. Il n'existe pas d'individus visuels dans le sens absolu du mot. Ceux-ci entendent aussi les murmures de leur parole intérieure. Mais, doit-on dire, et les sourds-muets? Est-ce que ceux-là aussi seraient auditifs? Voyons ce qu'il en est de ceux-ci.

LA

PAROLE INTÉRIEURE

CHEZ LE SOURD-MUET

Dans les écoles des sourds-muets, que l'instruction soit donnée par la mimique ou bien par l'articulation artificielle avec lecture sur les lèvres, quel que soit le procédé employé, c'est par l'intermédiaire du système musculaire de ces infirmes qu'on s'en fait comprendre. En ce qui concerne la mimique, la chose est évidente, les gestes qu'on leur fait imiter étant les effets de la contraction des muscles des doigts et de la main, et quant à l'articulation artificielle, la chose est tout aussi certaine puisqu'on leur apprend à contracter mécaniquement tantôt l'un, tantôt l'autre des muscles de leurs organes vocaux, larynx, langue, mâchoire. Reste la lecture sur les lèvres ; or, il va de soi que le sourd-muet, regardant les mouvements labiaux de son professeur, fait lui-même aller ses lèvres. C'est donc toujours le système musculaire qui remplace ici le sens de l'ouïe. Est-ce que le système musculaire serait aussi *un sens?* Oui, oui, dit la physiologie moderne, et en plus de nos cinq sens, nous en avons un sixième, *le sens musculaire.* Si nos muscles se contractent sous l'influence de leurs nerfs moteurs, dit encore cette science, les mouvements des contractions se répercutent sur le cerveau par certains nerfs de la sensibilité. Et que se passe-t-il durant ces contractions? Je lis dans un de nos manuels de physiologie : « Si l'on ausculte un muscle dans cet état, « on entend un *bruit,* le bruit ou *ton musculaire* « dont la hauteur correspond à 30 vibrations par « seconde[1]. » Certes, ces bruits sont trop faibles pour que, propagés au cerveau par les nerfs de la sensibilité, ils y soient perçus en tant qu'ondes sonores, mais les vibrations s'y enregistrent encore sur les cellules, à l'état d'*empreintes.* En médecine et en physiologie, les empreintes de ce genre sont même qualifiées d'*images motrices,* expression évidemment impropre, une empreinte, chose immobile, ne pouvant passer à l'état d'agent moteur. Le mot *myographiques* me semble préfé-

---

1. Maurice Duval, *Cours de physiologie,* 6ᵉ édition, 1887.

rable, étant justifié par l'analogie avec les empreintes *phonographiques* déterminées par les on-
di'itions venues du tympan.

C'est grâce à ces précieuses données de la physiologie moderne qu'on peut se rendre compte du
mécanisme cérébral du langage intérieur chez les
sourds-muets. A l'Institution nationale de ces
infirmes, un des professeurs, M. Ferdinand Berthier, était lui-même sourd de naissance. Ques-
tionné un jour par M. Fournié, médecin de l'établissement, sur ce qu'il ressentait mentalement
quand il pensait, réfléchissait, il lui a répondu :
« Bien que mes doigts et mes mains soient immo-
« biles, je sens, quand je pense, qu'ils agissent ;
« je vois intérieurement l'image qu'ils produi-
« sent ; je *sens* que ma pensée s'exerce et s'iden-
« tifie avec ces mouvements que les yeux externes
« ne voient pas. On ne saurait être ni plus clair,
« ni plus explicite, ajoute le Dr Fournié[1]. »

Le sourd-muet, vient-il d'être dit, *sent* les mouvements de ses doigts et il les *voit*; est-ce la vision
mentale des gestes qui jouerait ici le rôle ? S'il
en était ainsi, l'infirme qui sait lire, devrait voir

---

[1]. *Essai de psychologie*, 1877, p. 313.

mentalement les mots ; or, il n'en est rien : « Le
« sourd-muet, dit M. Fournié dans un autre pas-
« sage de son livre, ne pense pas directement
« avec les signes de l'écriture. » Un fait expérimental va du reste trancher la question. Il s'agit
de l'histoire d'une jeune fille qui était aveugle de
naissance en même temps que sourde-muette, et
dont néanmoins on est arrivé à se faire comprendre
rien que par l'intermédiaire de son sens musculaire. Je prends cette histoire dans l'important
livre de M. le professeur Kussmaul, intitulé *Les
Troubles de la parole*, histoire encore instructive
à d'autres égards.

Laura Bridgemann était à la fois sourde et
aveugle ; même le sens de l'odorat était notablement diminué et le sens du goût manquait presque totalement. Elle ne possédait que le sens du
toucher. Allant et venant dans la maison, elle
différenciait les objets d'après leur dureté, forme,
poids et chaleur. Elle imitait aussi les mouvements de sa mère dont elle touchait les mains et
les bras, et elle apprit ainsi quelque peu à tricoter
et à coudre. Mais elle ne pouvait penser, réfléchir,
manquant pour cela des mots nécessaires : « Sous
« les soins maternels, dit le récit, son intelligence
« n'était pas plus développée que celle d'un ani-

« mal pour l'éducation duquel on se serait donné
« beaucoup de peine. »

Lorsqu'elle eut atteint l'âge de sept ans, le
Dr Howe entreprit de l'instruire, et voici comment
procéda l'ingénieux professeur. Sur diverses choses usuelles, couteau, fourchette, cuiller, clef...,
il fit coller des cartes, et sur chacune de celles-ci,
des caractères en relief représentaient le nom de
l'objet sous-jacent. En guidant les doigts de l'enfant, on l'amena à sentir « que les lignes courbes
« du mot cuiller étaient aussi différentes des li-
« gnes courbes du mot clef que les objets l'étaient
« eux-mêmes ». On fit de même relativement au
couteau, à la fourchette, à la clef.... Après cela,
on lui mit entre les mains de semblables cartes,
non plus collées sur l'objet, mais isolées, et elle ne
tarda pas à mettre d'elle-même chaque carte sur
l'objet correspondant. On l'encourageait par une
caresse sur la tête. Plus tard, on lui donna les
lettres isolément et on lui apprit à les disposer de
façon à faire les mots. Enfin, on mit les lettres
en tas, pêle-mêle, et on laissa Laura les chercher
elle-même pour la composition des mots.

« Jusque-là, dit le Dr Howe, l'acte avait été
« mécanique, et le résultat *à peu près* aussi grand
« que si l'on apprenait à un jeune chien intelli-

« gent divers tours d'habileté. » (*Ici la comparaison est loin d'être exacte, comme on le verra ultérieurement.*) « La pauvre enfant, assise dans un état
« d'étonnement, imitait patiemment tout ce que
« lui prescrivait son maître, lorsque la lumière
« se fit en elle, et son intelligence commença à
« travailler. *Elle remarqua (elle comprit) qu'elle*
« *avait le moyen de créer un signe de ce qui se trou-*
« *vait devant son âme et de le montrer à une autre*
« *âme, et dès lors sa physionomie rayonna d'intelli-*
« *gence humaine.* Je pourrais presque indiquer le
« moment où cette vérité commença à poindre sur
« ses traits. — On ne peut pas, termine M. Kuss-
« maul, démontrer avec plus de charmes *l'édu-*
« *cation de l'intelligence, la création du monde des*
« *idées par des mots,* que ne l'a fait le Dr Howe
« par cette merveilleuse *expérience physiologique.*
« On comprend ainsi pourquoi les Grecs dési-
« gnaient par *Logos* aussi bien l'idée que le mot. »
La jeune fille fit des progrès tels qu'elle-même
devint institutrice.

Avec les données posées ci-dessus, l'explication
de ce grand fait expérimental va de soi. Ce que
l'on appelle *sens du toucher* est un sens complexe,
un sens double. En promenant les doigts légèrement sur un objet, c'est le toucher proprement

dit que l'on exerce, mais dès qu'on se met *à ma-nier l'objet,* c'est le sens musculaire des mains qui se trouve éveillé ; or, Laura, composant les mots avec des caractères en relief, se trouve avoir manié des objets. M. le professeur Beaunis (de Nancy) a déjà dit la chose, mais aphoristique-ment : « Ce qui prouve bien l'importance consi-« dérable du sens musculaire, c'est que la vue et « l'ouïe peuvent faire défaut et que, dans ce cas, « *les sensations musculaires* suffisent *avec les sensa-*« *tions tactiles* pour tout le développement intel-« lectuel. C'est ce que démontre, ajoute-t-il, « l'exemple si souvent cité et si curieux de Laura « Bridgemann [1]. »

Howe parle d'un moment précis où Laura au-rait compris *que son âme avait acquis un moyen d'entrer en communication avec d'autres âmes.* Si je ne me trompe, il a voulu dire ceci. Chez les petits enfants en possession de l'ouïe, le moment arrive où ils nous apportent d'eux-mêmes tantôt un objet, tantôt un autre, nous demandant comment chacun s'appelle, c'est que déjà on leur a dénommé plus ou moins de choses, et ils ont fini par acquérir la certitude que tout objet est susceptible d'être dé-

---

1. Beaunis, *Les Sensations internes.* Paris, 1889.

nommé. Ce moment d'essor de l'intelligence se constate aussi chez l'enfant sourd-muet auquel on a déjà montré les noms écrits de plus ou moins d'objets : « *Massieu*, dit l'abbé Sicard, me présen-« tait tout ce qu'il voyait.... Il voulait tout con-« naître, il fallait lui écrire le nom de tout.... Il « n'y avait pas de jour où il n'apprît plus de cin-« quante noms. » Laura a dû aussi un jour ap-porter d'elle-même quelque objet à dénommer, et c'est alors que l'intelligence humaine aura rayonné sur sa physionomie.

Et maintenant je dis que cette expérience est décisive dans la question du mécanisme cérébral chez le sourd-muet. Quand il pense, réfléchit, raisonne, ce n'est pas qu'il voit dans sa tête les gestes figurés de son langage mimique ; ce sont les cellules empreintes d'images myographiques qui lui envoient les vibrations d'origine musculaire.

Quelle merveilleuse invention que celle de l'art d'instruire les sourds-muets, invention arrivée au raffinement dans l'histoire de Laura Bridgemann ! Or, dernière remarque qui a aussi son impor-tance, les premiers éducateurs des sourds-muets ont cru à l'existence d'une âme chez l'homme, et c'est dans cette conviction qu'ils ont cherché celle-ci dans des corps en apparence presque réduits à l'animalité. D'où il faut conclure que, même pour le progrès des sciences, la croyance traditionnelle à l'âme humaine a sa valeur ; car sans le fait expérimental établi par le spiritualiste et déiste Howe, quel autre fait expérimental la physiologie pourrait-elle invoquer aujourd'hui à l'appui de sa doctrine sur le sens musculaire ?

En fin de compte, le mécanisme cérébral de la parole intérieure chez le sourd-muet est au fond le nôtre. Chez lui, comme chez nous, les cellules font vibrer leurs empreintes. Que ces empreintes se soient originairement enregistrées dans le cerveau à la suite des vibrations du tympan ou des vibrations musculaires, au point de vue du mécanisme cérébral du langage intérieur, le fait est le même.

Et maintenant surgit un nouveau problème. Comment le sourd-muet d'autrefois a-t-il pu penser, se parler à lui-même, alors que personne ne l'initiait au sens conventionnel des mots ? Il inventait ses gestes, disent les psychologues, et même nos petits enfants pourvus de l'ouïe inventeraient aussi leur premier langage, celui-ci monosyllabique. Voyons d'abord ce qui en est de l'affirmation en ce qui concerne nos bébés pourvus de l'ouïe.

LA

PAROLE INTÉRIEURE

CHEZ LES PETITS ENFANTS

A quel âge, à quel mois, un petit enfant acquiert-il ses premiers mots intérieurs, ses premières images auditives, et comment les acquiert-il ?

Il y a vingt-huit ans, je tenais parfois sur les bras un petit neveu entré depuis à l'École polytechnique. Il avait environ dix mois, n'articulant encore la moindre syllabe, quand un jour, lui désignant du doigt, l'un après l'autre, cinq objets, une *table*, une *chaise*, une *porte* que j'ouvrais et fermais, une *fenêtre*, une *glace*, j'en prononçais les noms ; or il m'a suffi de procéder ainsi quelques autres fois seulement pour voir l'enfant tourner la tête vers l'un ou l'autre objet que je dénommais, et le regarder fixement. Ce petit fait expérimental n'a rien qui doive surprendre. « A l'âge de *sept*

« *mois*, a dit Darwin, l'enfant (le sien) associa
« l'idée de sa nourrice avec son nom ; il la cher-
« chait partout des yeux. De 7 à 11 mois, il apprit
« à associer *un grand nombre* d'objets et d'actions
« avec des mots ; ainsi, quand on lui demandait
« un *baiser*, il avançait les lèvres et restait immo-
« bile.... Il n'avait pas encore un an qu'il suffisait
« de lui répéter une petite phrase, *deux ou trois*
« *fois, à de courts intervalles*, pour graver dans son
« esprit une idée qu'il y associait[1]. » — Autre
exemple pris dans le livre de M. Perez[2] : « Voici
« un petit enfant âgé de onze mois. Il a un petit
« cheval de carton qu'il pousse en disant *hue, hue*.

« — Au mot *prise* qu'il entend prononcer, il re-
« nifle comme une personne sur le point d'éter-
« nuer. Il connaît le sens de ces formules : *donne*
« *ceci, prends cela, bois ceci, mange cela*. »

Serait-ce seulement à partir du 7e mois que les
petits enfants donneraient ces signes d'intelligence ? « Une petite fille âgée *de trois mois*, dit
« M. Perez, attachait un sens à une foule de mots
« prononcés par sa mère, tournant la tête du côté

---

1. Darwin, *Les Débuts de l'Intelligence.... Revue scientifique*, 1877.
2. Perez. *Les trois premières Années de l'enfant*, 1886,
3e édition.

« du chien quand sa mère lui disait : *Vois Médor*,
« ou du côté de la cage, quand celle-ci lui disait :
« *Vois Koko*. — Une autre petite fille de trois
« mois cherchait ses pieds au mot *pépé*. »

Ces faits sont d'ordre commun ; quelle est la
mère ou la nourrice qui, pour apaiser les cris de
l'enfant, voulant le distraire, ne lui montre tantôt
un objet, tantôt un autre, en en prononçant le
nom ; or, comme on vient de le voir, il suffit
qu'un même objet soit présenté quelquefois ainsi
pour que l'image auditive en reste empreinte
dans le cerveau, et, à tout instant, sans s'en douter, mères et nourrices donnent aux bébés de
vraies *leçons de choses*. Pourquoi est-ce seulement
vers la fin du troisième mois que surgissent chez
eux les premiers signes de l'intelligence ? Hé, c'est
qu'auparavant les conditions corporelles s'y oppo-
saient. Ne commençant à voir et à entendre qu'au
20e jour de la naissance, ne touchant pour tout
objet que le sein de la nourrice, portés sur les bras
horizontalement et, au bout de quelque temps seulement, dans la position droite, laissant alors encore fléchir la tête, comment les bébés acquer-
raient-ils déjà quelques premières notions ? On
peut donc admettre avec la tradition que déjà, à la
naissance, ils ont un esprit, une âme, agent psy-

chique dont seulement l'entrée en activité est subordonnée à certaines conditions corporelles.

Une autre déduction de ces données, celle-ci d'une importance majeure, porte sur le fait que l'enfant pense depuis longtemps avant de commencer à parler, articulant seulement quelques premières syllabes vers la fin de la première année. Auparavant il *gazouillait*. « Vers trois « mois, à la campagne, dit M. Taine, on la met- « tait (sa fille) au grand air dans le jardin; là, « couchée sur le dos ou sur le ventre, pendant « des heures entières, elle s'agitait des quatre « membres et poussait une quantité de cris et « d'exclamations variées, mais rien que des « voyelles, pas de consonnes.... Par degrés aux « voyelles se sont ajoutées des consonnes et les « exclamations sont devenues de plus en plus ar- « ticulées. Le tout a fini par composer une sorte « de *ramage*.... Elle se complaît à son ramage « comme un oiseau... *Elle n'attache aucun sens aux* « *sons qu'elle émet. Elle n'a acquis que le matériel du* « *langage* (douzième mois)*[1].* »

Egger père a écrit de son côté: « Dès l'âge de « six mois, l'enfant commence à articuler quel-

---

1. Taine, *Revue philosophique,* 1876.

« ques syllabes labiales ou dentales. On croit d'a-
« bord à une articulation calculée, parce que cela
« dure quelques jours pour chacune ; mais il aban-
« donne bientôt sa syllabe de prédilection. Cela
« fait voir que la volonté ne s'est pas encore em-
« parée de l'instrument de la parole. Cet instru-
« ment agit en quelque sorte de lui-même, comme
« les pieds et les mains se meuvent dès les pre-
« miers jours de la vie. Ces jeux de voix *involon-*
« *taires* vont peu à peu se multiplier jusqu'à ce
« que la volonté s'y applique, les soumette à un
« renouvellement régulier. Alors seulement ce
« sera le *langage humain*[1] .

Et maintenant que l'enfant commence à exprimer ses désirs ou ses volontés, ce sera par *mono-*
syllabes; est-ce que ces monosyllabes seront les
mêmes chez tous ? « Marie ne s'entend guère avec
« ses amis du même âge que pour des actions
« toutes sensibles ; dès qu'il s'agit d'une idée un
« peu moins matérielle, ce n'est qu'auprès de sa
« bonne ou de ses parents qu'elle se fait com-
« prendre. Quelquefois c'est une bonne ou une
« mère qui s'interpose entre deux enfants pour

---

1. E. Egger, *Observations et réflexions sur le développe-*
ment de l'intelligence et du langage chez les enfants. Paris,
1883, 4ᵉ édition.

« interpréter à l'un les volontés de l'autre. » (E. Egger.)

Pourquoi ce monosyllabisme ? Deux explications sont possibles, d'abord l'une qui me paraît toute naturelle, tenant à ce que l'on a appelé le *vocabulaire des mères et des nourrices*, c'est-à-dire à l'espèce de mots dont celles-ci se servent avec les bébés, mots tels que *lolo* (lait), *mem* (bouillie, manger), *koko* (oiseau), *dada* (cheval), *vava, toutou* (chien), *joujou, bonbon, papa, maman,... donne, prends, tiens....* Or, si l'on considère l'extrême difficulté pour l'enfant d'articuler telle ou telle lettre, l'origine comme aussi la nature de son monosyllabisme sont tout indiquées. Il dira facilement *papa, maman,* parce que dans son gazouillement antérieur il faisait souvent *ppppp* et *mmmm* ; quant aux syllabes *da* de *dada, ko* de *koko, tou* de toutou, etc., etc., pourquoi redoublerait-il *da, ko, tou ?...* Et s'il estropie l'un ou l'autre de ces monosyllabes, c'est que l'articulation de telle ou telle lettre sera pour lui chose très difficile : « Le petit-fils « d'un mathématicien, a dit feu Egger, a deux ans « et demi environ. Son grand-père veut lui--ap- « prendre à compter *un, deux, trois, quatre,* etc. « Plusieurs fois l'enfant s'arrête à *trois,* et dit : « Je ne peux pas (à cause de la lettre *r*). » — Voici

une preuve directe de cette origine du monosyllabisme enfantin. A l'âge de douze mois, l'enfant
de M. Pérez articulait déjà plusieurs mots : « La
« bonne lui ayant dit : Veux-tu du gâteau ? il a
« dit aussitôt *ga, ga,* et il a dirigé la bonne du côté
« de la salle à manger qu'il connaît telle, quoique
« n'étant à la maison que depuis deux jours. (Il
« avait été mis en nourrice.) »

La deuxième explication, jurant avec la précédente, me semble amusante. Le monosyllabisme
de nos bébés serait analogue au *monosyllabisme
des langues primitives.* Les petits enfants choisi-
raient parmi les syllabes de leur gazouillement
naturel celles qui leur conviendraient pour l'expression de leurs désirs et volontés.

M. Albert Lemoine a écrit en 1865 : « Le pre-
« mier mot que l'enfant prononce et auquel il at-
« tache un sens n'est pas un mot de la langue
« maternelle.... C'est lui qui en fabrique la ma-
« tière informe, c'est lui qui y attache un sens ;
« c'est un mot de sa langue à lui, *et sa nourrice
« apprend de lui cette langue avant de lui enseigner
« la sienne*[1] ! »

Cette opinion sera celle d'Egger père : « L'en-

_____

1. Albert Lemoine, *De la Physionomie et de la parole.*

« fant que j'observe en ce moment articule déjà
« beaucoup de sons. Il n'y a pas un seul de ses
« besoins pour lesquels il *n'invente* un ou plu-
« sieurs sons articulés, *sans qu'aucun exemple vo-*
« *lontaire ou involontaire lui soit proposé....* Ce sont
« toujours des monosyllabes.... Le travail intellec-
« tuel, chez l'enfant, est très actif, et son langage
« suit ce travail *avec une facilité d'invention* qui dé-
« route quelquefois notre attention la plus sa-
« gace. »

M. Taine racontant l'histoire de sa petite fille
ne sera pas moins affirmatif en ce sens : « Elle a
« acquis le langage *en grande partie* par elle-même
« et toute seule, pour une petite partie grâce à
« l'aide d'autrui et par imitation. Elle a fait d'a-
« bord *m m* spontanément.... De même pour un
« autre son *Kranau.* — Même remarque pour le
« son *papapapa,* qu'elle a dit d'abord plusieurs
« fois au hasard et d'elle-même, *qu'on lui a répété*
« *cent fois pour le lui fixer dans la mémoire !* »

Les premiers mots prononcés ont été *papa* et
une syllabe inattendue, celle de *tem.* « Ce dernier
« mot, continue M. Taine, est digne de toute
« l'attention de l'observateur ; d'abord et pen-
« dant plus de quinze jours, l'enfant a prononcé
« ce mot *tem* comme le mot *papa,* sans lui don-

« ner un sens précis, à la façon d'un simple ra-
« mage...., aujourd'hui il signifie pour elle *donne,*
« *prends, voilà* ou *regarde....* PEUT-ÊTRE vient-il
« du mot *tiens* qu'on a employé souvent avec
« elle et dans un sens assez voisin. Mais il me
« semble plutôt que c'est un mot créé par elle et
« spontanément forgé.... Ce qui rend cette ori-
« gine probable, c'est que d'autres mots ultérieurs
« et dont on parlera tout à l'heure sont visible-
« ment l'œuvre non de l'imitation, mais de l'in-
« vention. »

Je cherche plus loin et je lis : « Du 15ᵉ au 17ᵉ
« mois, grands progrès...., on voit qu'elle acquiert
« tous les jours des idées, et qu'elle comprend
« beaucoup de phrases, par exemple : « Apporte
« la balle. — Va faire *doudou* à la dame (caresser
« de la main et tendre la joue), viens dans les
« jambes de papa. — Va là-bas. Viens ici, etc.... »
« Mais elle n'a appris ou inventé que très peu de
« mots nouveaux. Les principaux sont *Pa (Paul),*
« *Bapert* (Gilbert), *bébé* (enfant), *bééé* (la chèvre),
« *cola* (chocolat), *oua-oua* (chose bonne à manger),
« *ham* (manger, je veux manger) », — ce sont ces
deux derniers mots qu'elle aurait forgés d'elle-
même. — « Quand, dans le jardin, elle entend
« sonner la cloche du dîner, elle dit *ham,* et non

« *oua-oua ;* au contraire, à table, devant une cô-
« telette, elle dit *oua-oua,* et bien moins sou-
« vent *ham.* » (Ne serait-ce pas la nourrice qui,
à la vue d'un mets succulent, aura crié *ouais,
ouais,* changé par l'enfant en *oua, oua?* Quant à la
syllabe *ham,* elle sera commentée par Darwin
en ces termes) : « A l'âge d'un an, il (son petit
« garçon) *fit l'effort d'inventer* un mot pour dési-
« gner sa nourriture et l'appela *mum,* mais je ne
« sais ce qui l'amena à adopter cette syllabe. A
« partir de ce moment, au lieu de se mettre à
« pleurer quand il avait faim, il se servait de ce
« mot comme si c'était un verbe signifiant : don-
« nez-moi à manger. Ce mot correspond donc au
« *ham* dont se servait le petit enfant de M. Taine
« à l'âge de quatorze mois. »

Tous les linguistes n'ont pas vu la chose ainsi,
et l'un d'eux, de nationalité anglaise, M. Polack,
cité par M. Pérez, a écrit : « Tous ces sons étaient
« fournis par les *adultes* et appris d'après leur va-
« leur réelle *de mieux en mieux imitée.* Tous ces
« sons étaient monosyllabiques ; le premier dis-
« syllabique fut *baby* (ou plutôt bé-by) prononcé
« d'ailleurs comme un monosyllabe redoublé[1]. »

---

1. Voir Pérez, *op. cit.*

Et maintenant que le lecteur connaît les deux explications, il choisira entre l'enfant disant *ga* pour *gâteau* et celui qui aurait inventé le mot *tem* sans rapport avec le *tiens* de sa nourrice. Quant au *mum* de l'enfant de Darwin, peut-être n'est-il pas sans analogie avec notre *mem* français? Voici, pour le moins compromise, la comparaison entre le monosyllabisme de nos bébés et le monosyllabisme des dialectes primitifs, comparaison déjà suspecte d'ailleurs. Et en effet, si chacun de nos bébés, selon la remarque d'Egger, inventait les monosyllabes de son langage personnel, et que la mère ou une bonne doive s'interposer pour expliquer à l'un ce que dit l'autre, qui donc aurait servi d'interprète chez nos premiers ancêtres? Le mystère de l'origine première du langage ne laisse pas que de subsister.

Arrivé à son douzième mois, à peine l'enfant articulera-t-il quelques mots que déjà son esprit sera en pleine activité; écoutons d'abord M. Pérez:
« Je l'ai entendu l'autre jour (l'enfant qui disait
« *ga* pour gâteau) ébaucher avec deux noms une
« phrase éminemment synthétique, mais très
« claire, vu l'accompagnement du ton, des gestes
« et des mouvements. Il se promenait avec moi
« depuis quelques minutes, il voit sa mère, veut

« aller à elle, et comme je ne m'empresse pas de
« le conduire, il me tire, me montre sa mère en
« étendant le bras, et d'un air suppliant, me dit à
« trois reprises : *papa, maman* (papa, mène-moi
« vers maman). » — Feu Egger avait une bles-
sure au pied et Émile, âgé de *vingt mois*, lui dit :
« *Donne-moi ton petit mal ;* de deux choses l'une,
« s'est dit le père, ou l'enfant est d'une charité
« bien précoce, ou bien par le *petit mal*, il a en-
« tendu tout simplement le linge blanc. En effet,
« je m'aperçois bientôt que, s'étant écorché le
« doigt, il demande qu'on lui mette *un petit mal*,
« et quand on a fait ce qu'il demande, il montre
« comme en triomphe le linge appliqué sur son
« doigt. » — Autre fait raconté par le même :
« Félix a vingt-huit mois ; de deux personnes qui
« sortent habituellement ensemble, il voit l'une
« se préparer à sortir ; il va droit à l'autre et lui
« dit : « beau habit », signifiant par là qu'elle
« doit s'habiller pour sortir aussi. — Il connaît
« le sens des trois mots *ouvrir, rideau* et *pas* (né-
« gation), déjà il les rapproche avec une certaine
« dextérité, en les accompagnant du geste et du
« monosyllabe *çà. Pas ouvrir çà* signifie « la fe-
« nêtre est fermée » ; *pas rideau çà* signifie « la
« fenêtre n'a pas de rideau. » Enfin, dans un ou-

vrage que je n'ai pas encore mentionné, la *Glos-sologie*, par M. de La Calle, on lit : « Une petite
« fille de vingt mois, devant laquelle j'ôte mon
« chapeau, et à laquelle je demande : « Qu'est-ce »?
« me répond « bonnet » ; c'est pour elle le nom
« déjà généralisé de tout couvre-chef, soit féminin,
« soit masculin, et dont l'objet l'a bien frappée
« sur le front de sa mère et sur le sien, quand elle
« se regarde au miroir[1]. « Au début, a dit feu Eg-
« ger, ce langage est d'une indigence extrême....
« *Ta* désignera tout ce qui se mettra sur la *table* ;
« *ati* (pour *assis*) désignera tour à tour une chaise,
« un tabouret, un banc, avec l'acte de s'y asseoir. »

J'ai pris ces exemples au milieu de beaucoup
d'autres, parce qu'on y voit nettement les progrès
spontanés de l'esprit dès la deuxième année. Cependant l'apprentissage de nouveaux mots ne
laisse pas de continuer et chaque jour amènera
son contingent de notions de plus en plus impor-
tantes, voire même indirectement, durant les
échanges de paroles entre les personnes de l'entourage. L'enfant entendant dire *porte* pour une
porte ordinaire et pour une porte cochère, *cheminée* pour celle d'une chambre et celle de la cui-

---

[1] Passage reproduit par M. Pérez, *op. cit.*, p. 301.

sine, *arbre* pour le peuplier comme pour le marronnier, *fleur* pour la rose, la tulipe, l'œillet, la pâquerette..., comment n'acquerrait-il pas des notions de plus en plus générales ? Avec le mot *couleur* répété pour le blanc, le noir, le rouge, le vert, le jaune..., il aura la notion abstraite de *couleur*. Un jour aussi on lui fera compter *un, deux, trois* doigts, un autre jour, *un, deux, trois* bonbons, *une, deux, trois* noix, et bientôt il comprendra le sens des vocables *un, deux, trois*, abstraction faite des objets comptés. Il ne saura pas de longtemps, et peut-être ignorera-t-il toujours ce qu'on entend par *idée abstraite*, mais déjà il a des mots abstraits dans la tête, si bien qu'il arrivera de lui-même à demander comment telle ou telle chose s'appelle, ce qui implique la connaissance même du mot abstrait *nom*.

Telle étant chez le tout petit enfant la part respective de l'esprit et du cerveau, voici qu'on a osé assimiler son intelligence à celle des animaux ! Imbu du dogme aujourd'hui classique de l'identité, M. Taine ne s'est-il exprimé comme suit à propos d'une petite fille âgée de onze mois qui, entendant prononcer les mots *papa, maman*, se tournait vers les personnes nommées et, au mot de *grand-père*, levait la tête vers le *portrait* de celui-ci :

« Je n'oserais affirmer que ces trois actions dé-
« passent *l'intelligence animale*. Un petit chien qui
« est ici comprend au même degré quand on lui
« crie le mot *sucre* ; il arrive du fond du jardin
« pour attraper son morceau. » Devrait-il être
besoin de faire remarquer que le mot *sucre* réveille seulement dans un chien l'impression restée
d'une sensation agréable précédemment reçue.
Quand j'ai initié mon neveu au sens des mots
porte, chaise, table, fenêtre, glace, point ne fut
besoin de lui octroyer des friandises simultanément.

Résumons cette partie de mon étude :

1° Quand l'enfant, arrivé à la fin de sa première
année, commence à articuler des syllabes, celles-
ci se trouvent déjà enregistrées dans son cerveau
depuis plusieurs mois, de sorte qu'il connaît le
sens de beaucoup de mots avant de pouvoir les
prononcer, parole intérieure établie conséquem-
ment avant la parole laryngienne.

2° C'est l'entourage qui se trouve lui avoir
fourni les premiers éléments de son préalable langage mental.

3° Les grands progrès intellectuels de l'enfant
durant la deuxième année sont dus à son esprit
combinant les mots au sens desquels il a été initié.

Quelle serait la destinée intellectuelle de l'enfant que l'on n'initierait pas préalablement à la signification de plus ou moins de mots? L'histoire des sourds-muets d'autrefois fournira la réponse à cette nouvelle question.

ÉTAT INTELLECTUEL

DES

SOURDS-MUETS D'AUTREFOIS

Quand un enfant est sourd de naissance ou s'il le devient dans ses premiers mois, les parents sont longtemps sans se douter du malheur et, l'infirmité venant à s'accuser, longtemps ils se font illusion, rassurés par le tressaillement de la petite créature à quelque bruit violent. Mais le moment arrive où force est de se rendre à l'évidence et d'accepter la situation. Qui alors, de la mère ou de l'enfant, fera les premiers gestes? C'est la mère qui commencera à gesticuler; c'est en gesticulant elle-même qu'elle guidera ses premiers pas, qu'elle lui indiquera d'aller ici ou là, de s'asseoir ou de se lever, d'exécuter tel ou tel autre acte; bref, c'est la mimique de la mère et de l'entourage qui fera l'éducation de l'enfant. Qu'est-ce donc que cet adage qui, depuis Descartes, a cours

en philosophie, à savoir que : « Les sourds-muets
« *inventent d'eux-mêmes* quelques signes par les-
« quels ils se font entendre à ceux qui, étant ordi-
« nairement avec eux, ont loisir d'apprendre leur
« langue[1]? » Pourquoi donc le petit sourd venant
à exprimer ses premières volontés, ne se servirait-
il pas des gestes à la signification desquels il a été
initié? S'il en inventait, étant enfant, il en inven-
terait de plus en plus dans le cours de sa vie, de
sorte qu'autrefois l'un ou l'autre des infirmes se
serait parfois distingué par quelque action d'éclat,
dans un sauvetage, par exemple, et tous n'auraient
pas passé pour plus ou moins idiots. A la vérité,
certains de leurs mouvements sont spontanés, tels
que ceux de tendre les bras vers la mère, de se re-
jeter en arrière à la vue de quelque objet effrayant,
de refuser le biberon ou la bouillie en jetant la
tête à droite et à gauche..., mais il va de soi que
les enfants n'inventent pas ces mouvements, et
que ceux-ci sont les effets naturels de leurs sensations, phénomènes automatiques ou, comme on
dit aujourd'hui en physiologie, *réflexes.*

D'après d'autres vues philosophiques, surtout
les sourds-muets d'autrefois n'auraient pas différé

----

1. *Discours de la Méthode.*

intellectuellement des animaux, comparaison qui
tombe devant ces lignes de l'abbé de l'Épée rela-
tives à l'état des élèves au moment de leur entrée
à l'Institution, *tous adolescents* (notons-le), *voire
même adultes :* « Tout sourd et muet qu'on nous
« adresse a déjà un langage qui lui est familier...
« Il manifeste ses besoins, ses désirs, ses inclina-
« tions, ses doutes, ses inquiétudes, ses craintes,
« ses douleurs, ses chagrins... » et, détail signifi-
catif au point de vue de la fausseté de la comparaison avec les bêtes, « il reçoit et exécute fidè-
« lement les commissions dont on le charge, et il
« en rend un compte exact. » On peut dresser un
chien à aller, un sou dans la gueule, chez le boulanger, déposer la pièce sur le comptoir et recevoir
un gâteau, mais on n'a pas encore envoyé alternativement le même chien chez l'épicier et le
boucher, recevoir chez celui-ci un os, chez celui-
là un morceau de sucre. Seul l'homme est utili-
sable comme commissionnaire, n'en déplaise à
ceux qui, aujourd'hui, dotent les bêtes de toutes
nos aptitudes.

Retenons le fait qu'un sourd-muet pouvait
alors être chargé d'une commission, fait dont se
déduisent encore d'autres conséquences. Je vais
m'expliquer à l'aide d'exemples.

Supposons que dans un ménage, la provision de sucre étant épuisée, la mère montrant au petit sourd le sucrier vide et lui mettant de la monnaie dans la main, lui fît le geste d'aller en chercher. Il s'en va et rapporte du sucre en poudre. — Geste de la mère que ce n'est pas cela, et indication d'un petit objet rectangulaire. — Retournant chez l'épicier, l'enfant s'explique par les mêmes signes, langage d'action, pantomime. — A l'occasion d'une autre commission c'est un frère non infirme qui demande à la remplir, gesticulant tout en parlant. La mère renouvelle au sourd le signe d'aller. Il n'en fallait pas plus pour que celui-ci acquît la connaissance de la différence de sa personnalité par rapport à celle d'autrui, autrement dit les notions représentées pour nous par les mots *je, moi, il, lui*. — Ces naïfs détails expliquent ce que l'abbé de l'Épée a dit dans un autre passage : « Le candidat (l'élève nouveau), sans s'en « douter aucunement, compose tous les jours des « verbes, des noms, des adjectifs, des pronoms, « des adverbes, des prépositions.... » Autre exemple concernant la *notion de propriété*, notion de la différence entre *le mien* et *le tien*, une des bases de la morale. Un petit sourd s'amuse avec un jouet qui a été donné à lui, et voici qu'un autre

enfant le lui enlève. Dispute, et la mère inter-
venant donne une tape au coupable.

Dira-t-on que sans cette initiation à la vie pra-
tique, le sourd de naissance pourrait acquérir de
lui-même des notions rien qu'en regardant ce qui
se fait autour de lui et sans y participer? Laissons
parler ici l'abbé Sicard qui, ayant pratiqué en
province avant d'avoir été appelé à Paris comme
successeur de l'abbé de l'Épée, eut l'occasion de
constater l'état intellectuel d'un sourd-muet dans
des conditions particulières.

« C'est en 1786, dit l'abbé Sicard, quelque
« temps après que fut fondée, à Bordeaux, l'école
« des sourds-muets..., que me fut présenté l'élève
« dont je vais raconter les progrès étonnants. Il
« était âgé d'environ *quatorze ans*, d'une fa-
« mille très pauvre, *frère de deux sourds-muets*
« *comme lui et de deux sourdes-muettes....* On se
« fera facilement l'idée du caractère et des mœurs
« de Massieu, quand on saura qu'il était né dans
« une chaumière à six lieues de Bordeaux....
« Toute son enfance s'était passée à garder un
« troupeau.... Massieu était l'homme des bois, ne
« connaissant encore que des habitudes purement
« animales, s'étonnant et s'effrayant de tout. En
« venant à Bordeaux, il avait cru ne changer que

« de séjour, et il avait imaginé (*il avait cru*) qu'il
« y serait employé à la garde d'un autre trou-
« peau.... Tout ce qu'il voyait lui paraissait un
« danger, chaque mouvement qu'on lui comman-
« dait un piège.... Sa physionomie enveloppée et
« sans aucun caractère, son regard timide et mal
« assuré, son air niais et soupçonneux..., tout
« semblait annoncer que Massieu n'était suscep-
« tible d'aucune instruction, mais il ne fut pas
« longtemps sans donner de plus flatteuses espé-
« rances[1]. »

On a reproché à Sicard d'avoir rembruni le tableau sous l'influence de la doctrine de Bonnet et
de Condillac qu'en effet il partageait ; mais je puis
appuyer ses dires d'un document qui jusqu'ici a
passé inaperçu, je veux parler d'un chapitre sur
les sourds-muets du *Traité des maladies de l'oreille*
du Dr Itard, œuvre considérable, rééditée, après la
mort de l'auteur, par l'Académie de médecine.
Itard a été le médecin de l'Institution de Paris durant les quarante ans qu'elle a été dirigée par le
successeur de l'abbé de l'Épée. Il n'a pas vu Massieu à Bordeaux ; mais à Paris, s'étant adressé à

---

1. *Cours d'instruction d'un sourd-muet de naissance.*
Paris, 1803.

tous les élèves en cours d'instruction pour se renseigner sur leur antérieur état intellectuel, il a constaté ce qui suit : « Ce qu'alors le sourd-muet a « fait, ce qu'il était, ce qu'il imaginait alors (durant les 12, 14 années antérieures à son arrivée « à l'école) n'offrent à son souvenir que des réminiscences confuses, que des idées indéterminées, *telles qu'elles se présentent vaguement à notre* « *mémoire quand nous voulons la faire remonter à* « *l'époque de notre vie qui touche à notre berceau.* « Que s'il répond catégoriquement à vos questions, s'il vous peint ses pensées, les sensations « de sa longue et ténébreuse enfance, méfiez-vous « de ces résultats : il ne décrit pas son état passé « d'après des souvenirs anciens, il l'interprète « d'après ses lumières actuelles. Mes recherches, « *longtemps dirigées de cette manière,* m'ont offert « mille preuves de l'espèce de déception que je « signale. »

Revenons à Massieu que Sicard a emmené de Bordeaux à Paris. Déjà, le pâtre à la physionomie d'idiot était devenu un élève des plus remarquables et, à Paris, ses progrès furent tels qu'un jour de sortie, ayant été l'objet d'un vol dans la rue, il rédigea, chez le juge, la plainte que voici : « J'étais regardant le soleil du Saint-

« Sacrement dans une grande rue avec tous les
« autres sourds-muets. Cet homme m'a vu ; il a vu
« un petit portefeuille dans la poche droite de
« mon habit ; il s'approche doucement de moi ; il
« prend ce portefeuille. *Mon* (ma) hanche m'aver-
« tit : je me tourne vivement vers cet homme qui
« a peur. Il jette le portefeuille sur la jambe d'un
« autre homme qui le ramasse et me le rend. Je
« prends l'homme voleur par la veste, je le retiens
« fortement ; il devient pâle, blême et tremblant.
« Je fais signe à un soldat de venir ; je montre le
« portefeuille au soldat, en lui faisant signe que
« cet homme a volé mon portefeuille. Le soldat
« prend l'homme voleur, et le mène ici : je l'ai
« suivi. Je vous demande de nous juger. — Je
« jure Dieu qu'il m'a volé ce portefeuille ; lui
« n'osera pas jurer Dieu. — Je vous prie de ne
« pas ordonner de le décapiter, il n'a pas tué,
« mais seulement dites qu'on le fasse ramer. »

Le voleur convaincu n'osa nier le fait ; il fut
condamné à trois mois de prison.

Les progrès de Massieu s'accentuèrent de plus
en plus au point qu'à quelques années de là, inter-
rogé en séance publique sur le mot *reconnaissance*,
il écrivit sur la planche noire : *c'est la mémoire du*
cœur, et un autre élève nommé *Desrues*, à la de-

mande : *Qu'est-ce que la palinodie ?* répondit : *c'est un démenti qu'on se donne à soi-même;* et de la même école sont sortis les célèbres Clerc, Berthier, etc.

Comment s'y est pris Sicard pour obtenir une aussi prodigieuse et relativement rapide transformation intellectuelle ? Rien de plus simple. Comment procède-t-on avec les enfants pourvus de l'ouïe ? Durant une série de mois on se borne à leur apprendre des noms d'objets, et dès la seconde année, leur esprit combine spontanément les notions acquises. Procédons de même avec les sourds-muets, s'est dit Sicard. La nomenclature d'abord, la grammaire plus tard : « Ainsi se « passèrent *les premiers mois* de notre cours « d'instruction sans aborder encore les difficultés « de la grammaire. — Nous parlons aux sourds- « muets comme parle la mère institutrice à l'en- « fant qui entend, en mettant sous les yeux de « l'un et de l'autre l'objet qu'on veut lui appren- « dre à nommer.... Je suis compris *comme une* « *mère qui prononce à son enfant le nom de l'objet.* » La nomenclature, la nomenclature préalablement ! A la vérité, ce n'est pas ainsi que procédait l'abbé de l'Épée dont le principe était qu'il fallait au plus vite arriver à la conjugaison des verbes, mais pas un seul élève marquant n'est sorti de son école; loin, bien loin de là! « Ses élèves (c'est l'abbé Sicard qui parle) comprenaient-ils le sens « de ce qu'ils écrivaient?... c'est ici la plainte des « parents qui, revoyant leurs enfants après leur « éducation, se flattaient qu'ils pourraient com- « muniquer avec eux, et qui n'en obtenaient qu'un « oui ou un non, *sans que jamais ces infortunés « sussent faire une question d'eux-mêmes.* » Est-ce que cette constatation diminuerait la gloire de l'abbé de l'Épée ? Les grands hommes, a dit Claude Bernard, sont fonction de leur temps, et il est naturel que les successeurs montés sur leurs épaules voient plus loin qu'eux. L'abbé de l'Épée a lui-même fini par reconnaître la supériorité de la méthode de Sicard : « J'ai trouvé le verre, lui dira-t-il, vous êtes destiné à faire les lunettes », concession venue à la suite d'une controverse dans le cours de laquelle l'abbé de l'Épée lui avait écrit : « Quoi! mon cher confrère, vos élèves ne « savent pas encore écrire de petites phrases sous « la dictée des signes! Eh! que faites-vous donc? « A quoi vous amusez-vous? Vous voulez absolu- « ment en former des écrivains, quand votre mé- « thode n'en peut absolument faire *que des copis- « tes...* Apprenez vite à vos enfants la déclinaison « et les conjugaisons; apprenez-leur les signes de

« mon dictionnaire des verbes; apprenez-leur les
« parties des phrases, d'après le tableau dont vous
« avez emporté le modèle.... » On vient de voir
la différence des résultats des deux méthodes. Si,
malgré tout, les élèves de l'abbé de l'Épée ont
excité l'admiration publique, ce fut comme con-
traste avec l'état intellectuel des infirmes de la
ville, mercenaires, mendiants.

J'interromps cet historique pour faire remarquer que si, dans l'interprétation des textes, je
présente les choses sous un jour tout nouveau,
cela tient à la nouveauté même de mon point de
vue; ayant écarté les systèmes philosophiques
d'après lesquels nos enfants inventeraient les uns
leurs monosyllabes, les autres leurs gestes, re-
poussant d'autre part la doctrine scientifique de
l'animalité complète de l'homme et n'envisageant
que les faits dûment établis, je dois naturellement voir les choses autrement qu'on ne les a
vues jusqu'ici.

Prenons la question par un autre de ses côtés.
Parmi nos semblables pourvus de l'ouïe, combien
n'en est-il pas qui, sans avoir appris à lire et à
écrire, possèdent le double langage extérieur et
intérieur, se parlant mentalement, avant d'articuler
leurs paroles ! Des populations entières se trou-

vent aujourd'hui encore dans ce cas, les Arabes, les Turcs, les sauvages. N'est-il pas vrai que dans ces groupes humains, les individus initiés dans leur enfance à la signification de certains sons, acquièrent ensuite leur instruction rien que dans les conversations? Eh bien, supposons qu'on n'apprenne pas à lire et à écrire à un sourd de naissance et qu'après s'être borné à lui faire comprendre que tel geste signifie *maison*, tel autre *arbre*, tel autre *fleur*, etc., etc., on le conduise ensuite journellement dans une école de sourds-muets, non pas pour suivre les leçons des maîtres, mais uniquement, à l'heure des récréations, pour frayer avec les élèves déjà en cours d'instruction, qu'arriverait-il? Si vraiment l'initiation préalable à une nomenclature suffisante peut donner son essor à l'esprit, l'intelligence doit se développer ici dans les conversations mimiques. O surprise! L'expérience a été faite, pour mieux dire, elle s'est faite d'elle-même, ainsi qu'il résulte de cet autre passage du livre du Dr Itard: « En comparant collectivement nos sourds-muets d'aujourd'hui aux premiers élèves formés dans la même institution, par la même méthode, sous le même maître, on est conduit à reconnaître une supériorité dont ils ne peuvent être rede-

« vables qu'à l'avantage d'être venus plus tard, à
« une période plus avancée de la *société mimique*.
« Ils y ont trouvé deux sources d'instruction, qui
« n'ont pu exister dans les premiers temps : les
« leçons données par l'instituteur, *leurs conversa-*
« *tions avec les élèves déjà instruits.* Aussi l'instruc-
« tion est-elle plus généralement répandue qu'elle
« ne l'était il y a vingt ans !..... Dans un relevé
« que je fis, *il y a dix-neuf ans*, de la nature et des
« différents degrés de surdité de chacun d'eux, la
« plupart ne purent répondre d'une manière sa-
« tisfaisante à ces questions que je leur adressais
« par écrit : *Êtes-vous complètement sourd? Entendez-*
« *vous un peu? Êtes-vous sourd de naissance?* Un
« examen général que j'ai fait, au commencement
« de l'année dernière, pour un motif analogue,
« m'a donné lieu de faire une observation toute
« contraire. J'ai été frappé de la facilité avec la-
« quelle presque tous les élèves me donnaient les
« renseignements demandés et m'interrogeaient
« même sur les motifs de mes informations.....
« D'où il résulte que le développement de cette
« classe d'êtres sera d'autant plus rapide, d'autant
« plus complet, que l'institution où ils seront
« admis sera plus ancienne, plus nombreuse,
« qu'ils y séjourneront plus longtemps..... »

Vingt ans s'écouleront de Sicard à Bébian, et celui-ci écrira : « J'ai vu des sourds-muets pétil-« lants d'esprit, brillants d'imagination, et ce-« pendant ils savaient à peine écrire quelques « mots. »

De ces nouveaux faits il résulte que, dans l'instruction à donner aux sourds-muets, la division du programme en deux parties (nomenclature d'abord, grammaire ultérieurement) se trouve amplement justifiée ; mais voici que la priorité de cette division n'appartient nullement à Sicard. Elle revient à Pereire et remonte même à cent ans en arrière, à Wallis, savant mathématicien, qui s'était déjà adonné à l'instruction des sourds-muets. Procédant avec l'articulation artificielle et la lecture sur les livres, Pereire et Wallis, avant lui, avaient nettement stipulé le programme en deux parties. En ce qui concerne Pereire, c'est l'abbé de l'Épée lui-même qui nous l'apprend : « Pereire « divise son instruction en deux parties princi-« pales.... Il apprend aux sourds et muets, par la « première, à lire et à prononcer le français, mais « sans leur faire comprendre que quelques phrases « des plus familières, *et les noms des choses d'un* « *usage journalier, tels que les aliments et les habille-* « *ments ordinaires, les meubles d'une maison, etc.*

« Dans la seconde partie, il leur apprend tout le
« reste de l'instruction...(à savoir la grammaire)...
« Pour les instruire sur la première partie de son
« art, il lui suffit de *douze à quinze mois....* » Veut-
on savoir à la signification de combien de mots
Pereire initiait d'abord ses élèves? L'un de ceux-
ci, Azy d'Étavigny, a été présenté à l'Académie
des sciences, et je lis dans les œuvres de Buffon :
« Pereire entreprit de lui apprendre à parler et à
« lire au mois de juillet 1746.... *Après dix mois,*
« il avait l'intelligence d'environ *treize cents mots.* »
Un autre de ses élèves, Saboureux de Fontenay,
arriva à un haut degré de culture intellectuelle,
ce dont on peut juger par ces lignes de l'abbé de
l'Épée: « Il soutient par écrit des disputes en règle,
« non seulement sur les différents objets des con-
« versations ordinaires, mais même sur des sciences
« dont le commun des hommes n'est pas instruit.
« Je l'ai éprouvé moi-même plusieurs fois, quoique
« nous n'ayons pas toujours été d'accord sur diffé-
« rents articles ; mais je l'ai vu plus souvent aux
« prises avec d'autres personnes et notamment
« avec un monsieur qui s'entretenait avec lui (par
« écrit) sur la génération des plantes. La conver-
« sation les conduisit jusqu'à la production des
« champignons ; ce qui occasionna entre ces deux

« messieurs une dispute d'une demi-heure qui
« devint très active de part et d'autre. »

Après une semblable constatation faite par lui-
même, d'où vient que l'abbé de l'Épée n'ait pas
adopté la méthode de Pereire, pour le moins en
ce qui concerne la division de l'enseignement
dans les deux parties successives? Hé! dans les
conditions où l'abbé a pratiqué, il y a eu impossibilité, selon sa propre remarque : « Si, dit-il,
« pour des enfants qu'on a dans sa propre maison
« (et il en a été ainsi chez Pereire), il faut douze
« à quinze mois pour les instruire seulement sur
« ce qu'il appelle la première partie de son art,
« combien de temps ne me faudrait-il pas pour
« instruire des sourds-muets *qui ne viennent chez*
« *moi que deux fois par semaine!* »

Honneur à l'abbé de l'Épée qui, en de semblables conditions, est parvenu à fonder la première école publique de sourds-muets !

Remontons à Wallis. Voici un extrait de la
lettre que ce savant a écrite à Beverley, le 30 sep-
tembre *1698:* « Les enfants (en possession de
« l'ouïe) apprennent d'abord les noms des choses ;
« il est tout aussi bon de donner graduellement
« au sourd-muet *la nomenclature* des objets qui
« l'environnent et de lui indiquer les choses aux-

« quelles les noms répondent. » Et pour mieux lui graver dans la mémoire les noms des objets, Wallis usait de tableaux disposés ainsi :

HOMME.	CORPS.
Femme.	Tête.
Enfant.	Poitrine.
Garçon.	Ventre.
Fille.	Bras.
. . . .	Cuisses.
	. . . . .

« *Il faut toujours commencer par les particularités et* « *finir par le titre général qui les embrasse toutes.* » Ultérieurement, au sujet du terme abstrait *couleur*, il présentait le tableau :

COULEUR.
Blanc.
Gris.
Noir.
Rouge.
. . . .

C'était seulement lorsque l'élève « avait déjà une nomenclature assez étendue[1] » que le maître arrivait enfin à la grammaire.

Pereire a-t-il eu connaissance de cette lettre et des ouvrages laissés par Wallis? On se ren-

---

1. Lettre traduite par M. Bébian, *op. cit.*

seignera sur ce point dans l'important livre que
M. La Rochelle a publié en 1882, intitulé :
Jacob-Rodrigues Pereire.

Il me reste à appeler l'attention sur la particularité, déjà signalée, que les sourds-muets arri-
vaient chez leurs premiers éducateurs à un âge
assez avancé. La pétulance de l'enfance était cal-
mée et ils se prêtaient si admirablement à tout ce
qu'on voulait d'eux, qu'au bout de deux jours
ils connaissaient le double alphabet manuel et
écrit. L'ardeur au travail augmentait dès lors de
plus en plus. « J'ai vu souvent, dit Bébian, à
« l'Institution de M. l'abbé Sicard, des enfants
« passer tout le temps de leur récréation dans un
« coin de la cour, appuyés sur le rebord d'une fe-
« nêtre, et copiant, faute de mieux, des séries
« confuses de mots.... Quel parti ne pourrait-on
« pas tirer d'un zèle si opiniâtre !... »

Voyons ce que les anciens sourds-muets ont été
au point de vue des facultés morales.

ÉTAT MORAL

DES SOURDS-MUETS D'AUTREFOIS

On peut juger de l'état moral des sourds-muets d'autrefois par les observations encore du Dr Itard, recueillies sur les adolescents et les adultes de l'école. « Il n'est point de créature humaine moins aimante, plus faiblement attachée, que ne l'est en général le sourd-muet *sans instruction;* et lors même qu'il a été développé par l'éducation (à l'école), il est encore remarquable par la légèreté de ses affections.... Les sentiments de la nature sont les seuls qui se manifestent chez lui avec quelque vivacité, si l'on en juge par le chagrin éprouvé à son entrée dans notre Institution, lorsqu'il se sépare de ses parents. Mais ces regrets passagers sont suivis d'une telle indifférence, qu'on l'a vu quelquefois recevoir sans une véritable affliction la nouvelle de la mort arrivée à quelqu'un des siens. — La *reconnaissance,* naturellement fort

« rare parmi les hommes, l'est bien davantage
« encore parmi les sourds-muets. J'en épargnerai
« les preuves à mes lecteurs. — Ils sont aussi peu
« susceptibles *d'amitié.* » — Il en est de même relativement à *l'amour.* Exemple : Un sourd-muet
qui, sorti de l'école, s'était marié, « perdit sa
« femme après quelques mois : il l'aimait passion-
« nément et il paraissait inconsolable. Triste et
« couvert des crêpes du veuvage, il rencontre, un
« mois après, un de ses condisciples qui lui ex-
« primait le chagrin qu'il éprouve de ce triste
« événement. Notre jeune veuf se hâte de consoler
« son consolateur en lui disant qu'on s'occupait de
« réparer son malheur, et de lui chercher une
« autre femme. Il est peut-être moins extraordi-
« naire d'éprouver un pareil sentiment que de le
« manifester avec cette naïveté. — L'égoïsme est
« son caractère dominant. — Quoique très attachés
« à la vie et redoutant beaucoup la mort, la vue
« d'un cadavre n'inspire aux sourds-muets ni
« frayeur ni éloignement. Je les ai vus, dans mes
« dissections sur l'oreille, se presser à l'envi au-
« tour de la tête de leur camarade ; et les amis
« mêmes du petit défunt m'offrir avec empresse-
« ment leurs services pour m'aider dans mon
« travail. » Autre exemple d'indifférence : « J'ai vu

« sur leur lit de mort, quelques-uns de ces en-
« fants, à qui leurs camarades, peu versés dans
« l'art de consoler, étaient venus sans ménage-
« ment annoncer leur fin prochaine.

« Moins craintifs que nous au milieu des dan-
« gers qui ne résident que dans l'imagination, ils
« seraient beaucoup plus timides dans les circons-
« tances évidemment périlleuses, et très certaine-
« ment on les y verrait plus sensibles au soin de
« leur conservation qu'aux séductions de la gloire
« et de la renommée..... »

Les jeunes filles sourdes-muettes sont « en gé-
« néral moins égoïstes, plus aimantes, plus sus-
« ceptibles d'attachement, d'amitié et même de
« ces résolutions généreuses ou désespérées
« qu'inspirent les grandes passions. J'ai vu périr,
« à dix-sept ans, une de ces infortunées qu'avait
« portée au suicide un amour violent, réduite tout
« à coup à l'opprobre et au désespoir. »

Le sexe masculin se laisse facilement aller aux
inconvenances, aux grossièretés même : « Un des
« élèves les plus distingués de l'Institution, ob-
« sédé dans sa ville natale des visites et des invi-
« tations dont il était l'objet, écrivit à quelques
« personnes dont il était le plus recherché, de
« vouloir bien borner leur amitié à lui envoyer

« chaque matin un *cervelas* pour son déjeu-
« ner. »

C'est, bien entendu, aux premiers temps de
l'Institution que remontent ces traits de mœurs,
les élèves y étant entrés sans avoir reçu préalablement une éducation suffisante ; mais, sous ce
rapport aussi, les choses ont bien changé, et c'est
encore It. d qui nous l'apprend. Tandis que Massieu n'a pas cessé de conserver « une étrangeté de
« manières, d'usages et d'expressions, Clerc, venu
« à une époque toute récente, est tout à fait un
« homme du monde. Il se fait remarquer par une
« entente parfaite des usages et des intérêts so-
« ciaux. » C'est que, chez ces infirmes, les conséquences de l'éducation première sont telles,
qu'il est aujourd'hui recommandé aux familles de
les discipliner le plus tôt possible, en les envoyant
à cet effet dans les asiles dès l'âge de trois ans[1].
N'oublions pas de rappeler qu'on discipline les
petits enfants, quels qu'ils soient, en les récom-
pensant et en les punissant selon leurs actes.

Avec ces nouvelles données, on s'explique
comment, autrefois, des sourds-muets adultes ont

---

1. *Congrès universel pour l'amélioration du sort des
aveugles et des sourds-muets,* 1879.

pu devenir des êtres plus ou moins moraux sans avoir reçu d'instruction. Il aura suffi de leur montrer ce qu'on fait aux voleurs et aux assassins, pour que la crainte des châtiments sociaux ait mitigé chez eux les conséquences de leurs impulsions égoïstes.

Ces détails historiques joints aux précédents vont me permettre de résoudre la question qui m'a amené à les établir : que deviendrait *intellectuellement* l'enfant pourvu de l'ouïe, si on ne lui apprenait pas tout d'abord les noms d'objets divers ?

RÉCAPITULATION

Voulant me renseigner sur l'état intellectuel des sourds-muets d'autrefois, j'ai dû me rabattre, faute de mieux, sur l'état de ces infirmes à leur arrivée chez l'abbé de l'Épée. Exprimaient-ils déjà alors leurs pensées ou bien seulement leurs *sensations*, leurs *sentiments*? « Tout sourd-muet « qu'on nous adresse manifeste déjà ses *besoins*, « ses *désirs*, ses *inclinations*, ses *doutes*, ses *in-* « *quiétudes*, ses *craintes*, ses *douleurs*, ses *chagrins* : « ne faut-il pas lire ses *sensations*, ses *sentiments*? » Après tout, est-ce l'infirme qui a inventé ses gestes, ou bien l'initiative n'en reviendrait-elle pas à sa famille et à tous ceux qui se sont accommodés à son infirmité? Ici, l'histoire de Massieu est topique. Né dans une chaumière, de parents qui gagnaient misérablement leur vie, gardant un troupeau jusqu'à l'âge de quatorze ans, frère de quatre autres

sourds-muets, il arrive chez l'abbé Sicard, présentant toutes les apparences de l'idiotie, et avec ces
antécédents concordent ceux de Laura Bridgemann
qui, à sept ans, ne faisait encore qu'imiter les
mouvements de sa mère. Est-ce que vraiment,
Massieu a été d'abord une sorte d'idiot? Sicard
n'aurait-il pas rembruni le tableau? Le D' Itard
interrogea les élèves en cours d'instruction sur
leur état mental antérieur, et il obtint comme ré-
ponses celles que nous ferions, si l'on nous ques-
tionnait sur ce que nous pensions, étant encore
au berceau. Le même signale le rapport reliant le
développement de l'intelligence des élèves à la
rapide initiation dans les récréations. — Mais est-
ce bien à l'initiation, à la nomenclature qu'a été
due la prodigieuse transformation? Vers la fin du
dix-septième siècle, Wallis indiqua la nomenclature comme première partie du programme d'é-
tudes, et dans le siècle suivant, Pereire adoptant
ou inventant à son tour ce programme, s'illustrera
par son disciple Sahoureux de Fontenai. Arrive
l'abbé de l'Épée enseignant hâtivement les règles
de la grammaire, et pas un élève marquant ne
sortira de son école. Heureusement son successeur
reprendra le programme et nous aurons les Massieu, les Clerc, les Berthier.... Aujourd'hui dans

toutes les écoles de sourds-muets, c'est l'initiation
préalable à la nomenclature qui fait loi.

Conclusion. — L'historique de la surdi-mutité
se trouve être la démonstration expérimentale
que, chez l'homme en possession de l'ouïe, l'initiation au sens d'un nombre suffisant de mots est
la condition *sine quâ non* pour l'essor de l'esprit.
Et comment en serait-il autrement? Si déjà dans
sa deuxième année, l'enfant commence à combi-
ner des mots, ne faut-il pas que préalablement le
sens de ceux-ci lui ait été communiqué? Cette
conclusion me semble irréfutable, à moins de re-
tomber dans la plaisanterie, que durant les premiers mois, l'enfant choisit, parmi les sons de son
gazouillement naturel, les monosyllabes de ses
futures paroles. Devrait-il être besoin de faire
remarquer que si, depuis l'origine de l'humanité,
chaque peuple, chaque tribu, a eu son langage
particulier, ce sont les parents qui ont commencé
par initier les enfants au sens de leurs mots conventionnels! Oui, oui, dira-t-on, mais les premiers hommes? Par qui ceux-ci auront-ils été
initiés? Peut-être l'objection n'est-elle pas in-
surmontable.

ORIGINE PREMIÈRE DU LANGAGE

(Entretien avec un anthropologiste)

———

— Est-ce que vraiment, à l'origine, les hommes ont vécu dans des cavernes?

— Cela n'est pas douteux.

— Comment pourvoyaient-ils à leur existence?

— Ils allaient à la chasse.

— Et leurs moyens d'attaque et de défense?

— Chacun avait ses pierres.

— Étant donnée la survenance toujours imminente des grands carnassiers, ils n'ont jamais dû se perdre de vue?

— Cela peut s'admettre.

— Et eu égard à cette situation si critique, n'auraient-ils pas été commandés, dirigés, par l'un d'entre eux, chef de tous?

— Autre hypothèse!

— Raisonnons : quand, de nos jours, un groupe humain se trouve dans une situation particulièrement critique, ne faut-il pas un chef pour l'en tirer?

— Souvent le salut public est dû à l'autorité d'un seul.

— On peut donc croire que nos plus lointains ancêtres ont aussi eu leur chef veillant sur tous.

— Vous me rappelez que dans mainte espèce animale, notamment chez les ruminants sauvages, un des individus, dit-on, veille à la sécurité générale ; mais où est le rapport entre tout cela et la question de l'origine première du langage ?

— Le rapport est tout indiqué. Pour diriger le premier groupe humain, le chef a dû donner ses ordres à l'aide de gestes et de cris.

— Ah ! c'est là que vous vouliez en venir ; soit, mais comment ce chef pouvait-il savoir que tel geste convenait pour ceci, tel autre pour cela ?

— Il ne savait rien du tout. Cela s'est fait de soi. Il exprimait non ses pensées, mais ses sensations, ses sentiments, tout comme les sourds-muets arrivant chez l'abbé de l'Épée.

— Ne nous avez-vous pas dit que ceux-ci ne faisaient que reproduire, imiter les gestes de leurs parents ?

— Sans doute, mais, parmi les premiers hommes, l'un, doué d'intuition, a pu, d'intuition, diriger les autres. L'intuition est l'aptitude à voir des choses et à saisir des rapports qui échappent au commun des hommes. L'individu doué d'intuition est, de fait, un *voyant*.

— Oh, oh !

— Littré a accepté ma définition. Quoique m'ayant pris vivement à partie pour certaines de mes critiques de la philosophie d'Auguste Comte, et croyant les avoir réduites à néant, l'éminent savant n'a pas hésité à s'exprimer en ces termes :

Dans ce débris, je recueille avec un soin particulier la notion de l'intuition, notion que je juge vraie, que je juge féconde..... Tout a été sauvage sur la terre. C'est notre point de départ. On en est sorti victorieusement. L'intuition a rempli son office essentiel dans cette évolution... L'intuition a été la cheville ouvrière dont l'office a commencé avec l'homme lui-même et qui a mis tout d'abord une différence entre l'humanité et l'animalité.... Les facteurs de cette ascension ont été les individus doués particulièrement de la faculté d'intuition, cette faculté qui s'exerce perpétuellement sous nos yeux et qui fait *qu'une personne absolument ignorante peut voir des choses et saisir de prime saut des rapports qui échappent au commun des hommes.*

— C'est Littré, le disciple d'Auguste Comte, qui a écrit cela ?

— Oui, et croyant avoir réfuté mon argumentation contre Comte, il a ajouté :

Les idées, une fois émises, ont un auteur à qui il faut rendre justice, mais n'ont plus de maître. C'est ainsi que l'intuition, tombant entre mes mains, a été employée à ma guise, et non plus à celle de M. Netter.

— Est-ce que Littré a accepté votre idée de *voyants* ?

— S'expliquant sur la manière dont l'âge de la pierre taillée a pu succéder à l'âge de la pierre brute, il a écrit :

Grâce au hasard, un individu doué de la faculté d'intuition *définie commme il vient d'être dit*, aperçut une pierre qui, rompue par quelque accident, présentait soit une pointe, soit un tranchant. Bien des individus humains avaient passé jadis devant une pierre ainsi disposée..... Mais notre homme intuitif (un descendant du premier) associa la pierre qu'il voyait avec le besoin qu'il avait de percer et de couper...., et l'outil fut inventé, œuvre spontanée du voyant; car c'est le nom que M. Netter lui donne, ainsi qu'à tous ceux qui, selon la belle expression de Virgile, *inventas vitam excoluere per artes*, et ont mérité une place dans ses Champs-Élysées[1].

— D'après cela, les intelligences humaines ne seraient plus toutes de même nature, et il y en

---

1. Littré, *Nouvelle Revue*, 1888, t. V.

aurait d'exceptionnelles, apercevant d'emblée les choses sous leur vrai jour ?

— Loin de moi semblable pensée ! Tandis que chez tous les hommes l'âme serait similaire, tous les cerveaux ne se trouveraient pas conformés également, de sorte que la disposition aux découvertes et inventions de prime saut se classerait parmi les autres aptitudes exceptionnelles, aptitudes extraordinaires pour les mathématiques, pour la musique, pour le dessin, la littérature.... Un savant qui certes se connaissait en matière d'intuition, Claude Bernard, n'a-t-il pas déjà dit: « Les hommes qui ont le pressentiment des « vérités nouvelles sont rares; dans toutes les « sciences, le plus grand nombre des hommes dé-« veloppe et poursuit les idées d'un petit nom-« bre.... » Et Claude Bernard a ajouté ceci : « On a souvent dit que, pour faire des découvertes, il fallait être ignorant. Cette opinion, fausse en elle-même, cache cependant une vérité. Elle signifie qu'il vaut mieux ne rien savoir que d'avoir dans l'esprit des idées fixes (des *idées fausses*).

— Quant à l'avantage de n'avoir rien dans l'esprit, les premiers hommes se sont trouvés dans la condition voulue, et tous auraient pu inventer le langage.

— Si chacun avait inventé le sien, on se serait trouvé d'emblée à Babel et l'on se serait dispersé tout de suite.

— Dites-moi alors comment, si l'un d'eux seulement avait d'abord exprimé ses sentiments à l'aide de gestes et de cris, les autres l'eussent compris aussitôt?

— Est-ce que nos enfants tardent à comprendre les mots avec leur signification, et Massieu, malgré son apparence d'idiotie, n'a-t-il pas saisi instantanément le sens des gestes de son initiateur Sicard?

— Et la transformation ultérieure des cris en syllabes, en paroles?

— Quoi de plus naturel! Pour donner ses ordres relativement à tous les objets d'alentour, le chef a dû donner des noms aux choses, et comme le nombre de nos cris proprement dits est limité, force lui a été de les modifier, et de là l'introduction des voyelles et des consonnes.

— Voyelles et consonnes seraient des cris modifiés!

— Est-ce que chez nos enfants les vagissements ne se transforment pas en cris et les cris en monosyllabes? Cette transformation se produit même chez le perroquet.

— Ainsi, parmi les premiers hommes, l'un d'eux seulement aurait inventé le langage?

— Oui, et, depuis lui, les mères n'ont pas manqué d'initier les enfants à une nomenclature, et les sourds-muets sont restés ce que vous savez jusqu'à ce que quelqu'un fût venu inventer pour eux une nomenclature spéciale. Que dites-vous de ce dernier argument ?

— J'y réfléchirai. Mais comment Littré a-t-il pu concilier la doctrine de l'intuition avec la philosophie de Comte?

— Vous lirez son argumentation dans la *Nouvelle Revue*. J'ai à m'occuper d'un autre sujet. On prétend aujourd'hui que l'homme n'est pas responsable de ses actes, qu'il n'a pas un esprit capable de dominer le cerveau, et l'on argue là-dessus des pratiques de l'hypnotisme.

— Est-ce que vous allez nous montrer aussi l'esprit chez l'individu hypnotisé?

— J'espère du moins montrer, sur ce terrain encore, qu'on voit plus clair dans les faits avec le princi¡ e traditionnel de la dualité humaine, esprit et cerveau, et à cet effet je m'appuierai sur les observations et les expériences de Maury, un des prédécesseurs de l'école de Nancy.

RÊVES, DÉLIRE, HYPNOTISME

(L'œuvre de Maury)

———

Rappelons quelques-unes des propositions de la théorie qui m'a jusqu'ici guidé.

L'esprit de l'homme pense, se parle à lui-même, avec le concours du cerveau.

Le cerveau n'est pas un composé de molécules matérielles, mais une collection de cellules microscopiques, êtres vivants.

Les cellules qui sont empreintes d'images phonographiques nous murmurent les sons des mots intérieurs, mais elles le font aussi inconsciemment que les abeilles se façonnant anatomiquement une reine, une pondeuse.

L'entente inconsciente entre les cellules est assurée par des filaments nerveux qui les relient entre elles, les rattachant aussi à la catégorie des cellules empreintes d'images visuelles, photographiques.

Théorie hardie, téméraire, mais dont l'étrangeté va disparaître définitivement devant l'analyse du célèbre livre de M. Maury, *Le Sommeil et les rêves.* « Ce n'est pas *à l'âme,* a-t-il dit, mais « aux fibres cérébrales, aux *cellules encéphaliques,* « à la manière dont elles *vibrent....* qu'on doit de- « mander la raison du défaut d'équilibre et de « perturbation passagère de nos facultés intellec- « tuelles comme de nos perceptions sensorielles. » *Traduisons.* Quand une personne dort, ce sont ses cellules cérébrales qui dorment, et les rêves sont dus *au réveil de quelques cellules isolées, les autres continuant à dormir.* Si alors l'esprit dé- raisonne, c'est qu'il ne reçoit pas tous les mots nécessaires pour l'équilibre des fonctions intellec- tuelles.

Les images des personnes et des objets que nous voyons apparaître dans nos rêves proviennent du réveil de telles ou telles de nos cellules em- preintes d'images photographiques, et comme les cellules de cette catégorie se trouvent reliées par des fibres à telles ou telles cellules auditives, ce sont des images photographiques qui d'ordinaire provoquent, dans le groupe voisin, l'émission de sons intérieurs. *Exemple.* Par suite d'une disposi- tion maladive, M. Maury passait presque chaque nuit dans les rêves ; or, une nuit, c'est son domes-

tique qui lui a apparu avec un tablier blanc : « Une
« hallucination de l'ouïe amenée sans doute par
« l'association des idées (*lisez par cette apparition*)
« me fit entendre mentalement ces mots : *J'ai net-*
« *toyé votre chambre...* Je me réveillai tout à fait...
« Je me rappelai que *la vue de mon domestique*
« *avec son tablier blanc* m'avait frappé quelques
« jours auparavant. »

Il arrive aussi que les sons intérieurs se trouvent émis d'emblée sans avoir été provoqués par
quelque apparition préalable : « Le soir d'une
« journée de mars 1877, j'entendis murmurer...
« deux ou trois fois les mots *su, su, ti, tir.* Ces
« mots m'ont semblé avoir été suggérés par les
« n s de *suzusim* et de *Tyr* que j'avais lus plu-
« sieurs fois depuis quelques jours dans une géo-
« graphie de la Palestine. » — Une autre fois,
M. Maury rêva qu'il avait commencé un *pèlerinage*
à Jérusalem ou à la Mecque : « Je ne sais pas au
« juste si j'étais alors chrétien ou musulman. A
« la suite d'une foule d'aventures que j'ai ou-
« bliées, je me trouvai rue Jacob, chez M. *Pelle-*
« *tier*, le chimiste, et, dans une conversation
« que j'eus avec lui, il me donna une *pelle...*
« Voilà trois idées, trois scènes principales qui
« sont visiblement liées entre elles par ces mots :

« *Pèlerinage, Pelletier, Pelle,* c'est-à-dire par trois
« mots qui commencent de même et s'étaient évi-
« demment associés par *l'assonance.* » — Dans un
autre rêve le mot *kilomètre* amena M. Maury dans
une boutique et là, placé sur une balance, il a été
pesé avec des *kilogrammes,* etc., etc.

Pour que la justesse de ces analyses ne laissât
rien à désirer, l'ingénieux maître institua des
expériences *ad hoc :*

« Je priais une personne placée à mes côtés,
« lorsque le soir je commençais à m'endormir
« dans mon fauteuil, de provoquer en moi cer-
« taines sensations dont elle ne m'avait pas pré-
« venu, puis de me réveiller lorsque j'avais déjà
« eu le temps d'avoir un songe. »

Première expérience : « On m'a chatouillé avec une
« plume successivement les lèvres et l'extrémité
« du nez. J'ai rêvé que l'on me soumettait à un
« horrible supplice, qu'un masque de poix m'était
« appliqué sur la figure, puis qu'on me l'avait en-
« suite arraché brusquement, ce qui m'avait dé-
« chiré la peau des lèvres, du nez et du visage. »

Deuxième expérience : « On fait vibrer à quelque
« distance de mon oreille une pincette sur laquelle
« on frottait des ciseaux d'acier. Je rêve que j'en-
« tends le bruit des cloches, ce bruit des cloches

« devient bientôt le tocsin ; je me crois aux jour-
« nées de juin 1848.... »

Septième expérience : « On prononça à mon
« oreille les mots *Azor, Castor, Léonore;* réveillé, je
« me rappelai avoir entendu les deux derniers
« mots que j'attribuais à un des interlocuteurs de
« mon rêve. — Une autre expérience du même
« genre montra également que, le *son du mot et
« non l'idée qui y est attachée,* avait été perçu. On
« prononça à mon oreille les mots *chandelle, hari-
« delle,* plusieurs fois de suite. Je me réveillai
« subitement de moi-même en disant : *C'est elle.* Il
« me fut impossible de me rappeler quelle idée
« j'attachais à cette réponse. » Riez, riez, mais
cessant de rire, convenez que, durant le sommeil,
notre esprit ne laisse pas que d'être présent puisqu'il suffit du réveil de quelques-unes de nos cellules pour qu'aussitôt il entre en activité.

Et maintenant la question est de savoir ce que
l'esprit devient dans le délire des malades et dans
l'aliénation mentale. Contre toute attente la réponse ira encore de soi. Que par suite de quelque
lésion anatomique ou de quelque trouble morbide
prolongé, le fonctionnement d'une partie des cellules cérébrales soit aboli pour un temps plus
ou moins long, ou bien définitivement, et l'on voit

d'avance à quels persistants déraisonnements l'esprit sera exposé. Laissons encore parler M. Maury :

« Prenez la peine, ainsi qu'on l'a fait quelquefois,
« de coucher par écrit les paroles sans suite, les
« discours incohérents d'un maniaque, rapprochez
« les uns des autres les mots et les phrases qu'il
« articule dans son délire, et vous pourrez souvent
« saisir le lien secret qui rattache entre elles ces
« phrases en apparence si éloignées les unes des
« autres... Pour citer un exemple, le fou com-
« mencera son discours par l'idée *de corps,* qui
« amènera par *l'identité du son* celle de *cor* et le
« discours finira par l'idée attachée à ce second
« mot. L'exemple que je produis ici pour deux
« mots, pourrait être donné pour trois, quatre, et
« même davantage.....

« Le fou se hâte d'abandonner chaque parole
« qu'il a commencée pour courir après celle
« qu'évoque *dans son esprit* un mot offrant avec
« le précédent une affinité de sens, d'idée ou de
« *son.* »

Bref, dans le délire et dans l'aliénation mentale, l'esprit est troublé, mais il est présent. Rêves, délire, folie, degrés différents de l'enraiement fonctionnel d'une partie des cellules cérébrales : « Le délire du *rêveur,* lit-on dans Maury,

« celui du *maniaque,* celui du *fébricitant,* repré-
« sentent, le premier pour l'état sain (*rêves*), le
« second pour l'état pathologique chronique (*folie*),
« le troisième pour l'état pathologique aigu (*dé-
« lire du fébricitant*), ce trouble intellectuel dans
« lequel l'association des idées devient purement
« spontanée, automatique.... » *Lisez,* l'esprit est
présent, mais les cellules lui envoient automatiquement des sons discordants.

J'arrive aux suggestions de l'hypnotisme, autres preuves expérimentales de cette manière de
voir. Par un des moyens que l'on sait, on commence par endormir toutes les cellules. Cela ob-
tenu, on réveille quelques-unes d'entre elles, tant
visuelles qu'auditives. On dira, par exemple, au
sujet que tout à l'heure, se réveillant, il verra un
pigeon voltiger autour de sa tête : vous l'attra-
perez, vous le caresserez, mais il vous échap-
pera et ira se poser sur la table d'où vous l'appel-
lerez en vain. La suggestion ayant été faite d'une
voix persuasive, pénétrante, afin de bien éveiller
les images correspondantes, on laisse le sujet dans
son sommeil et, au bout de quelque temps, on lui
dit brusquement : *Réveillez-vous,* et la suggestion se
réalisera de point en point. *Explication.* Les cellules tout à l'heure actionnées sont maintenant en

activité, tandis que les autres cellules ne sont pas encore sorties de leur torpeur.

Tout cela s'enchaîne, ce me semble, on ne peut mieux, mais il y a les suggestions *à échéance tardive*, le sujet exécutant, par exemple, le 17 d'un mois, à telle heure de la journée, l'acte qui lui a été suggéré pour ce moment le 1er du mois, sans que, est-il dit, il y ait pensé dans l'intervalle ; oui, mais on n'a pas compté *avec les rêvasseries normales à l'état de veille.* « Chez l'homme *qui rêve* « *en marchant,* a dit M. Maury, l'intelligence, au- « trement dit les lobes cérébraux par lesquels elle « s'exerce, commence déjà à *s'engourdir....* » Ce n'est pas seulement en marchant que nous som- mes dans les rêvasseries ; nous y sommes dans tous les moments où notre attention ne se trouve pas fixée sur quelque sujet déterminé. Que de souvenirs nous traversent alors l'esprit. Eh bien, chez les sujets habituels des expériences de sug- gestion (et c'est avec ceux-ci qu'on obtient l'exé- cution à échéance tardive), les torpeurs *diurnes* deviennent de plus en plus fréquentes au point que le moment arrive où il suffit de leur dire : *Dormez,* pour qu'en plein état de veille ils s'en- dorment instantanément. C'est durant ces tor- peurs diurnes que le souvenir de l'échéance ne cesse pas de revenir, souvenir passager, fugace, *latent avant et après,* selon l'expression de M. Bernheim. Comment une personne exécuterait-elle un acte commandé dix-sept jours auparavant si, dans l'intervalle, elle n'avait pas compté les jours à des moments quelconques !

J'arrive au plus curieux des rêves de M. Maury:

« Jadis, le mot de *Mussidan* me vint soudain à
« l'esprit (M. Maury était alors à l'état de veille);
« je savais bien que c'était le nom d'une ville de
« France, mais où était-elle située, je l'ignorais;
« pour mieux dire, je l'avais oublié. Quelque
« temps après, je vis en songe un certain per-
« sonnage qui me dit qu'il arrivait de Mussidan;
« je lui demandai où se trouvait cette ville. Il me
« répondit que c'était un chef-lieu de canton du
« département de la Dordogne. Je me réveille à
« l'issue de ce rêve; c'était le matin; le songe me
« restait parfaitement présent, mais j'étais dans le
« doute sur l'exactitude de ce qu'avait avancé
« mon personnage.....

« Je me hâte de consulter un dictionnaire géo-
« graphique, et, à mon grand étonnement, je
« constate que l'interlocuteur de mon rêve savait
« mieux la géographie que moi, c'est-à-dire, bien
« entendu, que je m'étais rappelé en rêve un fait

« oublié à l'état de veille, et que j'avais mis dans
« la bouche d'autrui ce qui n'était qu'une mienne
« réminiscence. »

Charmant et instructif récit ! Si M. Maury
avait fait ce rêve dans le cours de la nuit, et non
le matin, il aurait pu ne pas s'en souvenir le lendemain, mais ce même rêve aurait peut-être re-
paru chez lui dans une des nuits subséquentes :
« J'ai repris bien souvent à l'état de rêve le fil
« d'un rêve antérieur que j'avais oublié après
« m'être réveillé.... » Remarque concordant avec
ce qui arrive dans la succession des torpeurs
diurnes chez les sujets habituels des expériences
d'hypnotisme.

Un autre enseignement découlant de ce récit
concerne la question dite de *la double personnalité*.
Dans son rêve, M. Maury ne s'est-il pas dédoublé,
ayant été alternativement lui-même et son interlocuteur ? Si donc une femme hystérique, habituellement chaste, désole durant plusieurs jours
sa famille par ses débordements, c'est que, dans
ces périodes intermédiaires, certaines sensations
prépondérantes égarent son esprit.

Le livre de M. Maury est suivi de notes dont
l'une est intitulée: *La Suggestion*, et que l'on ap-
préciera par ces deux extraits: « Je suppose une

« personne tombée dans l'état de prostration et de
« détente nerveuse qui est un des principaux
« effets de l'hypnotisation ; dites-lui : *Vous allez*
« *boire du vin*, et offrez-lui un verre d'eau. Par ces
« paroles vous éveillerez en elle l'idée (*la sensa-*
« *tion*) de vin.....

  « A cette seule idée de vin, le patient, une fois
« le nerf du goût mis en activité par l'absorption
« de l'eau, croira boire du premier liquide.... En
« rêve, par l'effet du même phénomène, vous au-
« rez une conviction pareille sans même l'inter-
« médiaire d'un liquide ; *l'image du verre d'eau* vu
« par *l'esprit* suffira.... En résumé, la suggestion
« hypnotique est un rêve commandé par des pa-
« roles... Le sujet éprouve des sensations corres-
« pondantes, dues à la surexcitation de certaines
« fibres nerveuses ou plutôt de leurs racines (*céré-*
« *brales*), qui coïncident avec l'atonie (avec le
« sommeil) du reste du système nerveux. »

Telle est l'œuvre de M. Maury, conçue d'après
l'idée que ce n'est pas le cerveau qui pense, mais
que c'est l'esprit qui pense avec le concours du
cerveau, idée-mère qui l'a conduit à soutenir
déjà en 1878 la doctrine actuelle de l'école de
Nancy, à la seule différence près que, pour
M. Bernheim, c'est le cerveau qui serait psychique.

Conclusion. — On se rappelle ce qui m'a amené à cette partie de mon étude. Il s'agissait de savoir ce que notre esprit devient dans le sommeil, dans les rêves et dans les divers délires ; or les expériences de l'hypnotisme ont répondu, tant celles de l'école de Nancy que celles de M. Maury, interprétées toutefois d'après ma manière de voir sur la parole intérieure. Dans toutes ces conditions, l'esprit ne laisse pas que d'être présent, et s'il y semble comme absent, cela tient uniquement à ce que le cerveau n'émet plus alors les sons de la parole intérieure, ou bien il les émet automatiquement et avec discordance. Cette conclusion correspond à ce que l'on a cru de tous temps, à savoir que l'esprit pense, réfléchit, raisonne, avec le concours du cerveau. Et comme déduction immédiate de cette conclusion, il y a la possibilité, je dis la possibilité, que notre esprit ne meure pas avec notre corps, notre esprit se trouvant subsister dans le sommeil le plus profond du cerveau.

Si dans le cours de cette analyse, j'ai cité rarement mon ami, M. Bernheim, c'est que j'ai voulu apporter à sa réfutation de la doctrine de la Salpêtrière un document remontant à 1878.

Une dernière question à examiner est celle de

savoir si l'homme est ici-bas un être exceptionnel, en d'autres termes, si les animaux aussi
pensent, réfléchissent, raisonnent, en se parlant à
eux-mêmes.

LA

PAROLE INTÉRIEURE

CHEZ LES ANIMAUX

(Conversation cette fois avec un **psychologue**.)

— Reconnaissez-vous enfin que l'homme est une créature exceptionnelle, seul être pensant, réfléchissant, raisonnant, c'est-à-dire se parlant mentalement ?

— Je le reconnaîtrai quand vous m'aurez prouvé que les animaux n'ont pas de leur côté quelque langage intérieur.

— Mais c'est tout prouvé ; est-ce que chez les animaux les femelles initient leurs petits à une nomenclature, condition *sine quá non* de l'entrée en activité de l'intelligence humaine ?

— Qui sait si ici encore cela n'a pas lieu ? Les sensations des animaux se trouvant être exprimées chez les uns par des cris, chez les autres par des mouvements de queue, chez un grand nombre par des jeux de physionomie, qui vous dit que les femelles n'initient pas ainsi leurs petits à une nomenclature à la vérité bornée, mais enfin à une nomenclature? Ces mouvements des mères pourraient nous échapper, être pour nous imperceptibles, sans compter les coups d'antennes des fourmis, attouchements ceux-ci visibles ; est-ce que les fourmis ne s'attouchent pas entre elles dans mainte de leurs opérations collectives?

— C'est bien à tort que vous invoquez ici les fourmis ; M. Forel, un des naturalistes qui les ont le mieux étudiées, les soumit à une expérience dont le résultat est que, chez elles, tout se fait automatiquement. Ayant isolé des œufs de fourmis dans un vase, il a assisté à l'éclosion ; or les premières écloses se sont mises aussitôt à ramasser les œufs en retard, à les lécher et à les transporter du soleil à l'ombre. Mieux que cela, les premières écloses se sont même façonné aussitôt une fourmilière. Venant d'éclore, par qui auraient-elles été initiées à une nomenclature?

— Je m'étonne que les autres naturalistes n'aient pas déjà répété l'expérience.

— Elle ne cadrait pas avec leurs idées pré-

conçues ; mais laissons le monde des insectes
dont les opérations sont à la fois si merveilleuses
et si mystérieuses, et tenons-nous-en aux mammifères et aux oiseaux : est-ce que, chez les chiens
notamment, les femelles initient leurs petits à une
nomenclature ?

— Je vous répète que tels de leurs jeux de
physionomie pourraient ne pas être perceptibles
pour nous.

— Soit, mais parmi les particularités de l'initiation de l'enfant, il en est une à laquelle vous
ne pensez point. Pour que l'enfant saisisse le sens
des mots, ne faut-il pas que la mère lui montre
les objets qu'elle lui dénomme ; où prend-elle les
objets ?

— Elle les prend de droite et de gauche.

— Est-ce que chez les animaux les femelles
apportent à leurs petits des objets à dénommer ?
Si elles les cherchaient aussi de droite et de
gauche, est-ce que ces mouvements ne nous sau-
teraient pas aux yeux ?

— Cette fois, je me rends, et comme bien vous
pensez, c'est par pur esprit de contradiction que
je vous ai fait mes précédentes objections.

— Il est donc bel et bien démontré que les animaux ne se parlent pas mentalement....

— Et je reconnais définitivement que l'homme est ici-bas un être exceptionnel, ayant seul un langage intérieur. Cependant les animaux ne laissent pas que d'être intelligents.

— Oui certes, et même une brillante intelligence se remarque chez nombre d'entre eux, mais leur intelligence doit forcément être différente de la nôtre. Voulez-vous savoir à quoi on est arrivé de nos jours en appréciant l'intelligence des bêtes d'après celle de l'homme ? Écoutez :

« L'homme, a dit Henri Milne-Edwards, ne pos-
« sède *aucune aptitude psychique fondamentale qui, à*
« *un moindre degré, ne se manifeste chez certaines*
« *bêtes.* »

— Même la parole intérieure ?

— M. de Quatrefages a écrit : « Plus je réflé-
« chis, plus je me confirme dans la conviction
« que l'homme et l'animal pensent et raisonnent
« en vertu d'une faculté qui leur est commune ;
« et qui est seulement énormément plus dévelop-
« pée dans le premier que dans le second. Ce que
« je viens de dire de l'intelligence, je n'hésite
« pas à le dire aussi du langage qui en est la plus
« haute manifestation. Il est vrai que l'homme seul
« a la *parole*, c'est-à-dire la voix articulée. Mais
« deux classes d'animaux ont la *voix*. Il n'y a là

« encore chez nous qu'un perfectionnement im-
« mense, mais rien de radicalement nouveau.
« Dans les deux cas, les sons produits par l'air tra-
« duisent des impressions, des *pensées personnelles,*
« comprises par les individus de même espèce. »

— Quoi ! M. de Quatrefages, spiritualiste,
déiste, a cru au langage des bêtes ?

— Oui, et aussi Milne-Edwards : « Notre lan-
« gage, a osé écrire celui-ci, est certainement
« beaucoup plus perfectionné qu'aucun des leurs ;
« mais tant que ceux-ci ne seront pas compréhen-
« sibles pour nous, *pouvons-nous être sûrs que la*
« *langue parlée par les peuples les moins avancés en*
« *civilisation soit notablement supérieure* à la langue
« de certaines bêtes, des fourmis par exemple ?
« j'en doute. »

— Le langage des fourmis être supérieur au
langage des Fuégiens, des Australiens !...

— Un autre de nos grands savants, M. de Lacaze-
Duthiers, pense de même, et Darwin a écrit : « J'ai
« possédé jadis un gros chien qui ne redoutait
« nullement de se mesurer avec des adversaires
« de son espèce ; cependant il y avait dans le voi-
» sinage un chien de berger, sorte de chien-loup,
« d'humeur pacifique et beaucoup moins fort, qui
« avait sur lui une étrange influence. Lorsque le

« hasard les mettait en présence, mon chien avait
« coutume de courir à sa rencontre, la queue entre
'« les jambes et les poils lisses ; puis il s'allongeait
« à terre, le ventre en l'air. Il semblait ainsi dire
« plus clairement que par tout discours : « *Tiens,*
« *je suis ton esclave* [1]. »

— Ça, c'est un comble, comme on dit de nos
jours ; mais que répondait l'autre chien ?

— Rien. *Shocking*, il promenait sa langue sur
le ventre en l'air. Vous qui êtes psychologue,
expliquez-moi comment d'aussi illustres savants
ont pu écrire semblables choses ?

— Expliquez-le vous-même.

— Rien de plus simple. A l'époque de leur
jeunesse, ces illustres savants ont été victimes
d'une suggestion.

— Que dites-vous là, quelqu'un les aurait hyp-
notisés ?

— Il n'y a pas que les suggestions de l'hypnotisme, mais encore les suggestions dites *théories,
doctrines, systèmes.* A l'époque de leur jeunesse,
on leur avait fait accroire certaines choses, et
vous savez que toute suggestion est caractérisée
par la *crédivité*.

---

1. Darwin, *l'Expression des émotions*, p. 129.

— Quelles sont ces choses, et qui les leur a fait accroire?

— C'est ce que je vais vous détailler, vous prévenant qu'ici encore la suggestion a été un rêve, un cauchemar avec hallucinations.

———

POSITIVISME ET HYPNOTISME

(Suite de la conversation avec le psychologue.)

Dans la première moitié de notre siècle, Frédéric Cuvier, Flourens.... professaient encore que seul ici-bas l'homme avait le sens intime avec la faculté de réfléchir, quand a surgi Auguste Comte. On sait que dans le Tome premier de son prolixe ouvrage, ce hardi mathématicien a fait table rase de toutes les idées jusque-là traditionnelles tant en philosophie qu'en religion. Monothéisme, *chimère*, tout autant que le fétichisme et le polythéisme. Métaphysique, psychologie, observation intérieure, âme, esprit, *autres chimères*. Et 'dans un volume ultérieur, il en dira autant de notre *moi :* « La fameuse théorie du *moi* est essen-« tiellement sans objet scientifique... état *purement fictif.* » En fin de compte, l'homme se-rait un animal, et rien de plus : « La fameuse « définition de l'homme comme *animal raisonnable*

« présente un véritable non-sens, puisque aucun
« animal, surtout dans la partie supérieure de
« l'échelle zoologique, ne pourrait *vivre* sans être
« jusqu'à un certain point *raisonnable,* proportion-
« nellement à la complication effective de son or-
« ganisme. » Donc l'homme est un animal et rien
de plus. — N'allez pas objecter notre nature
morale : « Quoique la nature morale des animaux
« ait été jusqu'ici bien peu et bien mal explorée,
« on peut néanmoins reconnaître que non seule-
« ment ils appliquent leur intelligence à la satis-
« faction de leurs besoins organiques, en s'aidant
« aussi, lorsque le besoin l'exige, *d'un certain de-*
« *gré de langage,* mais, en outre, qu'ils sont pareil-
« lement susceptibles d'un ordre plus désintéressé
« de besoins, *pour l'unique plaisir d'exercer leurs*
« *facultés,* ce qui les conduit souvent, comme les
« enfants et les sauvages (écoutez ceci) *à inventer*
« *de nouveaux jeux* (!); ce qui, en même temps, les
« rend, mais à un degré beaucoup moindre, sujets
« à *l'ennui* (!) — Cet état (*l'ennui*), érigé mal à
« propos en privilège spécial de la nature humaine,
« est quelquefois même assez prononcé, chez cer-
« tains animaux, pour les pousser *au suicide,* par
« suite d'une captivité devenue intolérable (!!). »
— C'est donc cela que tout récemment une

discussion s'est établie, dans la *Revue scientifique*, sur le suicide des scorpions[1].

— Est-ce du moins là que s'arrêtera l'analogie? Pourquoi les animaux n'auraient-ils pas aussi quelques-unes de nos conceptions religieuses, quelques-unes de nos illusions théologiques? « Les animaux supérieurs parviennent bien à un « certain fétichisme, plus ou moins analogue au « nôtre, quoique plus grossier et moins étendu, « tandis que les plus intelligents ne paraissent « jamais susceptibles, *du moins spontanément* (no- « tez cette restriction), jusqu'à la moindre ébauche « du polythéisme proprement dit, qui exigerait de « leur part une activité d'imagination supérieure « à leur vraie portée mentale. »

— Je ne comprends plus.

— Vous allez comprendre. Si le chat encore tout jeune joue déjà avec la boulette de papier qu'on a lancée devant lui, ce n'est pas parce que sa nature le porte à se précipiter sur tous les petits objets en mouvement. L'explication est autre. En mouvement, la boulette de papier est pour lui un être mystérieux, un fétiche. Quant aux animaux supérieurs s'élevant jusqu'au poly-

---

1. *Revue*..... 1885, *passim* et 1887, 2ᵉ sem., p. 188.

théisme, mais non spontanément, il s'agit sans doute du chien qui, jadis, à l'état sauvage, aura été fétichiste, tandis qu'une fois domestiqué, il s'est mis *à adorer* son maître, sa maîtresse, les enfants de la maison, tous pour lui des êtres supérieurs constituant son Olympe. Telle a été si bien la pensée de Comte, que, dans un livre d'anthropologie devenu classique, un savant renommé, M. Topinard, ne voulant pas que seuls les hommes soient religieux, invoquera le chien : « Le « maître joue à son égard le rôle d'un *dieu*. As- « surément cet animal croit à quelque chose au- « dessus de lui. »

Telle a été la suggestion positiviste, cauchemar dans lequel bêtes et gens ne font qu'un, au point que, même quelque peu parmi les bêtes, les unes seraient fétichistes, les autres polythéistes.

CRÉDIVITÉ CHEZ LES SAVANTS

— Que dites-vous de cette doctrine?

— Je ne la connaissais pas telle et les passages que vous venez d'en citer sont pour moi une révélation; mais est-il bien certain que les errements actuels des zoologistes proviennent de cette philosophie?

— En ce qui concerne Henri Milne-Edwards, cela ne peut faire doute. Venant à s'expliquer sur le *moi*, il écrira : « Je n'emploie pas ici ce mot « dans le sens théologique en l'appliquant au « principe immatériel que presque tous les hom- « mes croient instinctivement exister en eux, « mais *à l'ensemble des facultés intellectuelles et mo- « rales*, acception qui est sanctionnée par les lexi- « cographes les plus éminents, tels que *Littré*[1]. » D'autre part, chez Darwin, l'influence positiviste

---

1. Milne-Edwards, *Op. cit.*, t. XIII, p. 366.

a été tout aussi certaine; sa doctrine n'est-elle
pas celle de *l'évolution*, faisant suite à l'évolution
du fétichisme en polythéisme, de celui-ci en monothéisme...?

— Oui, mais chez M. de Quatrefages, si haute-
ment spiritualiste et déiste?

— Vous connaissez le système de ce savant.
Chaque homme aurait deux âmes, l'une immor-
telle (religieuse et morale), l'autre qui nous serait
commune avec les animaux, et c'est celle-ci, *l'âme
animale,* qui, en nous comme en eux, penserait,
réfléchirait, raisonnerait.

— Tel est en effet son système et je ne m'étais
pas encore expliqué comment un si grand esprit a
pu s'égarer à ce point. Maintenant j'y suis. Il aura
voulu concilier le spiritualisme avec l'identité
positiviste des deux intelligences humaine et animale...

—Seul l'homme serait doué de religiosité, mais
les animaux seraient conscients et chacun d'eux
aurait son *moi*. Comment en douter? Jouant souvent avec son chien, un dogue, l'attaquant, l'ir-
ritant, et la bête ne lui mordant pas la main,
quoique l'ayant dans la gueule, au lieu de voir
là une intimidation, effet des coups qu'il lui
avait donnés lors des premiers jeux, ce savant a

écrit : « Évidemment cet animal savait ce qu'il
« faisait quand il *simulait* la passion (la colère)
« précisément opposée à celle qu'il ressentait en
« réalité, lorsque, dans l'emportement même du
« jeu, il restait assez maître de ses mouvements
« pour ne jamais me blesser. En réalité, *il jouait*
« *la comédie* et l'on ne peut jouer la comédie sans
« en avoir *conscience.* » Lors des premiers jeux, le
dogue avait certainement été châtié pour morsu-
res, il en est resté intimidé, et M. de Quatrefages
a pris la crainte pour la conscience.

— Je ne sais ce qu'il en est de votre explication, mais il suffit qu'elle soit dans la possibilité
des choses pour qu'on ne puisse pas induire des
jeux des bêtes à l'existence chez elles d'un moi,
d'une conscience. Je vous demanderais toutefois,
si, en elles aussi, il n'y aurait pas quelque principe moteur, esprit, âme ?

— Dites-moi, vous, si les arbres ont une âme,
car une très grande intelligence se constate aussi
chez ces autres êtres vivants dans l'apparition si
régulière de leurs différentes parties, racines,
tronc, feuilles, fleurs, fruits, graines... Existe-
t-il une *âme végétale ?*

— Je n'en sais rien.

— Eh bien, je ne sais non plus si les animaux

ont une *âme.* Mais pourquoi vouloir les en gra-
tifier, leurs divers mouvements pouvant s'expliquer par le simple jeu des besoins et des sensations? *Exemples.* Le cerf et le lièvre se trouvent
presque constamment sous l'influence de trois besoins et sensations antagonistes, *besoin d'être au
gîte, besoin opposé d'en sortir pour la pâture, peur
extrême dès qu'ils sont dehors.* Le chasseur arrivant,
ces bêtes fuient, mais avec la tendance persis-
tante de revenir au gîte, et de là leurs *redonnées*
comme leurs autres mouvements en apparence si
singuliers. *Autre exemple.* La fuite de la perdrix
diffère selon qu'elle a des petits ou non. Celle
qui a des petits se posera à une faible distance,
dominée par le besoin de retourner auprès de la
progéniture.

— Et le chien?

— Vous devriez d'abord me dire pourquoi il
aime son maître si éperdûment. Ce phénomène
étant une anomalie, une bizarrerie, par rapport
aux relations de tous les autres animaux avec nous,
est-il déraisonnable d'admettre que ce que l'on
appelle l'amour du chien pour le maître est chez
lui l'effet de quelque besoin? Or il a encore un
autre besoin, celui de flairer ses congénères im-
pudiquement et de s'arrêter à tous les coins de

rue. Aussi, dans la rue, ne cesse-t-il d'aller du maître à la muraille et de la muraille au maître.

— J'avoue ne l'avoir pas encore considéré dans cette double allure. Et vous croyez que tous les mouvements des animaux s'expliqueraient par l'antagonisme de leurs sensations?

— En 1883, j'ai publié avec la collaboration de M. Musany, un livre, *L'homme et l'animal devant la méthode expérimentale,* et nous y avons montré par un nombre considérable d'exemples, comment les opérations les plus brillantes des bêtes pouvaient n'être que les effets de leurs sensations *associées ou antagonistes.* A-t-on réfuté nos explications? Loin de là! Tout en les déclarant admissibles, on les a écartées pour l'unique raison qu'elles contrarient la thèse positiviste de l'identité: « Tout « cela vraiment paraît assez exact, a dit la *Revue* « *scientifique,* et on ne peut guère contredire « M. Netter à cet égard... Mais que deviendra la « puissance que nous appelons intelligence de « l'homme. L'homme est une machine plus com- « pliquée, mais qui obéit aux mêmes lois que les « machines animales. Peut-être M. Netter n'a-t-il « pas envisagé ce côté de la question; peut-être « n'a-t-il pas vu qu'en refusant la spontanéité de « l'intelligence à l'animal, il retire la spontanéité

« et il impose le fatalisme à l'intelligence de
« l'homme. »

— Qu'avez-vous répondu ?

— Rien. La naïveté de la critique positiviste
m'a fait rire, et je me suis figuré qu'elle ferait
rire aussi les lecteurs de la *Revue*.

— Quelle erreur a été la vôtre !

— En effet, les communications sur l'intelligence consciente des animaux n'ont cessé de
pleuvoir et la *Revue* les a enregistrées avec une
rare complaisance ; mais maintenant que la question se trouve portée sur le terrain de la parole
intérieure, peut-être serai-je plus heureux.

— N'y comptez pas. Les cellules cérébrales des
positivistes sont trop profondément imprégnées
des formules du maître pour que celles-ci s'ef-
facent du jour au lendemain, et, malgré toutes
vos contre-suggestions, la crédivité à la suggestion de Comte persistera. On vous opposera notamment l'histoire du lapin, racontée par le professeur Laborde, et celle du perroquet de M. de
Lacaze-Duthiers, membre de l'Académie des
sciences, présentement son vice-président.

— Expliquez-vous.

DERNIÈRES OBJECTIONS

DU PSYCHOLOGUE

— Vous connaissez l'histoire du lapin de M. Laborde, histoire vraie, authentique : « Le lapin dont
« il s'agit a été légendaire au vieux laboratoire de
« physiologie : toutes les personnes qui ont fré-
« quenté cet établissement de 1877 à 1880 n'ont
« pas oublié l'illustre rongeur qui répondait au
« nom de « Bertrand ». C'était un vulgaire lapin
« domestique, destiné comme ses compagnons à
« être tôt ou tard expérimenté. Son tour vint en
« effet, et il eut à subir une section du tronc du
« nerf facial. Les suites de l'opération se compli-
« quèrent d'un volumineux abcès qui nécessita
« des soins journaliers de propreté. Guéri de sa
« suppuration, il conserva, bien entendu, les
« effets de la section du nerf, c'est-à-dire une
« hémiparalysie de la face, dont la manifestation
« objective principale, chez le lapin, est la chute
« presque complète de l'oreille d'un côté, tandis
« que l'autre conserve ses mouvements et son at-

« titude. Cette disposition de la coiffure donnait
« à sa physionomie un aspect des plus comiques :
« il était vraiment impossible de le regarder sans
« rire, surtout quand il vous fixait lui-même de
« son air sérieux et comme scrutateur ; ce qui
« était son habitude en présence de personnes
« qu'il voyait pour la première fois..... »

— Et dire qu'à l'âge de 14 ans, Massieu eut
encore l'air d'un idiot !

« — Autant notre lapin était familier avec les
« habitués du laboratoire, autant il était méfiant
« et prêt à l'agression à l'égard des étrangers,
« bêtes et gens, bêtes surtout. Vivant en parfaite
« intelligence avec deux chiens du laboratoire, il
« se montrait terrible pour les chiens étrangers
« qui d'aventure entraient dans le laboratoire ou
« rôdaient à ses alentours. Car Bertrand franchis-
« sait souvent le seuil de la maison, allant se pro-
« mener dans les cours, et jusque sur le bord de
« la rue de l'École-de-Médecine, où il s'asseyait,
« une de ses deux oreilles en l'air, regardant les
« passants. Si, disions-nous, il rencontrait aux
« abords du laboratoire un chien étranger, il se
« précipitait sur lui, quelles que fussent sa taille
« et sa force, battant du tambour avec ses pattes,
« sur son nez et sur son dos. Nous l'avons vu, un

« jour, aux prises avec un énorme chien de mon-
« tagne qui s'enfuit piteusement, la queue entre
« les jambes et en poussant des cris de frayeur... »

— Ce n'est pas le chien qui ici était intelligent.

« — Ces exploits ne sont pas cependant uniques
« dans le monde des léporides : on a vu le lièvre
« même, élevé en domesticité (nous en avons
« connu, dit M. Laborde), soutenir vaillamment
« et victorieusement le combat avec son plus ter-
« rible ennemi, le chien de chasse..... »

— Preuve nouvelle en faveur de l'explication
par le jeu des sensations : qu'est-ce qui caractérise
les mœurs du lièvre ? C'est la peur. Apprivoisé,
protégé par l'homme, il n'a plus peur, et le voici
courageux, téméraire. La particularité signalée
par M. Laborde ne laisse pas que d'être instructive.

« — Mais là où Bertrand se distinguait de tous
« ses pareils, c'est dans les circonstances suivan-
« tes, dans lesquelles il faisait preuve du plus
« intelligent discernement. Il m'affectionnait et
« me recherchait particulièrement, et si je tardais
« un peu dans ma venue journalière au labora-
« toire, il m'attendait sur l'escalier à l'heure ha-
« bituelle, venait même au-devant de moi dans la
« cour, surtout si je l'appelais, et sitôt qu'il m'a-
« percevait, il se précipitait sur moi, me donnait

« à sa manière toutes les marques d'une satisfac-
« tion et d'une joie évidentes. Puis, il ne me quit-
« tait plus, montrant combien il se plaisait en
« ma compagnie ; il grimpait sur mes genoux,
« aimant à se faire caresser..... »

— Est-ce que cet attachement si particulier pour
M. Laborde n'avait pas sa cause ?

— En effet, « Bertrand était très friand de
« croûtes de pain qu'il venait fréquemment qué-
« mander. » Mais le plus curieux de l'histoire va
seulement venir maintenant. « Il assistait comme
« s'il eût voulu y prendre part, et en tous cas,
« ayant l'air de s'y intéresser, à mes travaux
« d'expérimentation. L'expression et l'attitude de
« la curiosité se peignaient alors dans ses al-
« lures ; il restait des heures entières sur la table
« d'expériences où était attaché le sujet, chien ou
« lapin, comme en observation avec nous. Mais
« ce qui a toujours paru l'intéresser ou l'intriguer
« le plus, c'est *l'examen microscopique*. A peine
« étais-je installé au microscope, que Bertrand
« s'empressait de monter sur la table ou sur mes
« épaules, et de se placer exactement dans la po-
« sition qu'il me voyait prendre, collant son œil
« à la lunette microscopique. J'ai souvent fait
« assister les personnes présentes à ce spec-

« tacle, le plus étrange de cette sorte qui puisse
« être vu. C'était assurément *de la pure imita-*
« *tion.....* »

— Allôns donc! Jusqu'ici, dans le récit, point
d'exploits par imitation, et c'est par imitation que
tout à coup la bête aurait mis l'œil au microscope !

— Pas plus que vous, je ne crois ici à l'imitation. Mais le fait n'en est pas moins certain, authentique, et je me demande comment vous l'ex-
pliquerez.

— Sommes-nous à la fin du récit ?

— Oui, à part quelques lignes de post-scriptum:
« Il n'est peut-être pas sans intérêt de rappeler
« ce que savent bien les expérimentateurs : c'est
« que les animaux..... qui ont subi une ou plu-
« sieurs expériences leur laissant la vie sauve,
« deviennent plus sociables, plus affectueux, d'une
« intelligence plus développée que les autres. Il
« est vrai qu'en raison des services qu'on en
« attend, ils sont l'objet d'une attention et de
« soins particuliers..... »

— On ne développe pas l'intelligence à force
de caresses, et l'on ne fait ainsi que transformer
les sensations habituelles, remplacer, par exemple, la timidité par le courage. Est-ce tout?

— Encore quelques lignes : « Nous avons pos-
« sédé entre autres, au laboratoire, termine M. La-
« borde, un chien portant une *fistule gastrique*, et
« qui de lui-même, quand on l'amenait devant
« une ou plusieurs personnes, et surtout dans
« l'amphithéâtre de l'école, se mettait immédia-
« tement en position de montrer sa canule, se te-
« nant très élégamment sur les pattes de derrière,
« en vrai chien savant, et comme pénétré de son
« rôle et de son importance. »

— Quelle plaisanterie ! Dans les laboratoires,
on établit une fistule gastrique dans le but de
soutirer de temps en temps le suc gastrique, et
pendant ces soutirages, la bête est maintenue de-
bout par les élèves qui, pour obtenir qu'elle se
tienne tranquille, la caressent et lui donnent du
sucre. Et voilà comment le chien dont parle
M. Laborde se mettait de lui-même en position,
pénétré de son rôle et de son importance. Il y
a deux sortes de dressages, a dit M. Musany,
le dressage par les praticiens et le dressage par
les circonstances.

— Et le lapin collant l'œil au microscope ?
Est-ce aussi par les circonstances qu'il aura été
dressé ?

— J'y réfléchirai.

FIN DU PRÉCÉDENT DIALOGUE

— J'ai réfléchi. Si l'on vous montrait, dans un cirque, un lapin assis sur une table, devant un microscope et y mettant de temps en temps l'œil, l'idée vous viendrait-elle qu'il a contracté cette habitude de lui-même?

— Résultat d'un dressage, me dirais-je.

— Comment dresse-t-on une bête à prendre telle ou telle posture anormale?

— Je l'ignore.

— Rien encore de plus simple. On la met de force dans la posture, et quand elle y est ou bien instantanément après, on lui octroie douceurs et caresses, et de là une association de sensations agréables avec la posture imposée. *Exemple :* Pour habituer un chien à se tenir sur ses pattes de derrière, on le met dans la situation et on lui donne du sucre tout en le caressant.

— Et c'est de cette manière que Bertrand aura été dressé à sa manœuvre près du microscope?

— Oui, et c'est M. Laborde lui-même qui peut l'y avoir dressé, mais, par hasard, et sans l'avoir voulu. Un jour qu'il se sera trouvé absorbé dans quelque délicate recherche microscopique, ayant Bertrand sur la table, celui-ci se sera d'abord tenu tranquille, mais la faim le pressant, il se sera agité pour avoir des croûtes de pain. Vous voyez la scène d'ici : Laisse-moi donc travailler, Bertrand. Mais Bertrand s'agitait de plus en plus. — Ah ! tu ne veux pas me laisser travailler, eh bien, regarde toi aussi au microscope ; et, l'ayant pris entre les mains, il lui aura collé l'œil à la lunette. — C'est très bien, Bertrand, et comme récompense, voici des croûtes de pain.

— Et vous croyez que dès ce moment, pour la seule fois qu'il en aura été ainsi, l'habitude s'en serait suivie ?

— Dans les régiments de cavalerie, quand un cheval a longtemps résisté à exécuter tel ou tel mouvement, la règle est qu'aussitôt le mouvement une fois exécuté parfaitement, le cavalier soulage la bête en mettant pied à terre, qu'il la caresse et la ramène à l'écurie, toutes sensations pour elle fort agréables ; or, le lendemain, elle exécutera le mouvement, à la première sollicitation. Si au contraire, la veille, elle a été ramenée

à l'écurie, sans avoir exécuté le mouvement
voulu, c'est la mauvaise habitude qui sera contractée au point que, les jours suivants, un dres-
seur d'élite pourra seul en venir à bout. J'ai
provoqué en ce sens une expérience décisive. A
mon instigation, un cavalier a mené son cheval
sur une route par laquelle il ne l'avait jamais
conduit. Arrivé dans un village, il l'arrêta devant
une des habitations, et, ayant mis pied à terre, il
lui donna du sucre. Or, une vingtaine de jours
après, revenant vers ce village, il lui laissa la
bride sur le cou et la bête s'arrêta net à l'endroit
de la précédente halte. Pour en revenir à Bertrand, ce qui est certain, c'est que s'il n'a pas été
dressé accidentellement par M. Laborde, ce sera
une autre personne qui l'aura dressé. Un lapin ne
met l'œil au microscope ni de propos délibéré, ni
par imitation, aptitude du singe.

— Vous me rappelez un détail de l'histoire du
perroquet de M. de Lacaze-Duthiers : « Il y a de
« cela trois ans, a écrit ce savant, la personne
« qu'il affectionne pour la façon dont elle lui cha-
« touille la tête, fut mordue par lui. Le vendeur
« de l'oiseau l'avait prévenue : « Donnez-lui sur le
« bec une chiquenaude quand il mordra, et il n'y
« reviendra plus. » Ce qui fut dit fut fait. Depuis

« lors, jamais Jaco n'a mordu la personne qui l'a
« corrigé, et quand il refuse une caresse, il s'é-
« loigne, craignant évidemment une nouvelle chi-
« quenaude. »

— Je connais aussi l'histoire de ce perroquet et
j'y ai vu qu'une autre personne qui ne lui avait pas
donné la chiquenaude au moment voulu, est toujours restée l'objet de sa haine : « Il est véritable-
« ment en guerre avec elle. Pour lui donner du
« grain, elle doit garantir sa main avec un corps
« quelconque et si elle se baisse pour nettoyer le
« bas du perchoir, Jaco cesse de manger et des-
« cend précipitamment pour la mordre. »

— Ah, la bête, la méchante bête !

— Causons maintenant de celle-ci. Aux yeux
de M. de Lacaze-Duthiers, elle ne laissait pas
que d'être intelligente, très intelligente : « Quel-
« ques pigeons privés avaient reconnu que beau-
« coup de grains de chènevis tombaient de son
« auge, et venaient picorer autour de son per-
« choir ; les premiers jours, Jaco descendit les
« marches de son habitation pour examiner les
« pigeons de plus près ; il fit même mine de vou-
« loir les chasser ; puis, peu à peu, il finit par les
« admettre dans sa compagnie, et souvent je l'ai
« vu, à leur arrivée, donner de grands coups de

« bec *pour faire tomber une pluie de grains sur ses*
« *amis.* »

— Peut-être est-ce de colère que les coups de
bec étaient donnés dans l'auge ?

— Le plus curieux est que, d'après M. de Lacaze-Duthiers, tous les perroquets seraient même
supérieurs à l'homme en un point. Dans leurs
yeux les prunelles étant alternativement rouges
ou jaunes selon les sensations qu'ils reçoivent,
agréables ou désagréables, ils auraient, d'après
l'éminent savant, la faculté de dilater et de ré-
trécir leurs prunelles volontairement. Pas le
moindre doute là-dessus : « Il est curieux de voir
« un phénomène *réputé indépendant de la volonté*
« *chez les animaux supérieurs* se trouver ainsi en
« rapport avec des sentiments et des actes *voulus*
« qu'ont déterminés la joie ou la colère, et cela au
« même titre que les cris, les mouvements des
« plumes, et toutes les autres manifestations évi-
« dentes *d'actes essentiellement volontaires.* »

— Si le perroquet savait quelle impression
font sur nous ses yeux, il nous exprimerait ses
sentiments de quelque autre manière.

— Tous les ans, aux vacances, allant séjour-
ner dans le Midi, le savant emmène Jaco, et
jusque dans les promenades, il le porte sur le

bras : « Jaco aime son perchoir par-dessus tout.
« Là il est chez lui. Cependant il ne refuse pas de
« venir sur le bras et de faire une promenade à la
« campagne lorsqu'arrivent les fèves et les petits
« pois qu'il adore. Il aime beaucoup à venir, per-
« ché sur mon bras, dans les carreaux du jardin,
« cueillir l'un ou l'autre de ces légumes. »

— Mauvaise condition pour l'observation que
celle d'affectionner les animaux à ce point ! Toujours Jaco a dû paraître à son maître :

Beau, bien fait et sur tous aimable.

— J'arrive à un détail du récit, lequel rentre
dans la question du langage des bêtes. Emmené
dans le Midi, Jaco aime là tendrement un petit garçon nommé Raymond et qu'on appelait par le di-
minutif Momon : « L'affection de Jaco pour Momon
« est extrême ; dès qu'il entend sa voix ou ses pas
« qu'il reconnaît, même au milieu d'autres en-
« fants, il crie : *Momon*, *Momon*, jusqu'à ce que son
« ami se soit approché, sans cela il ne cesse de
« crier. Quand l'enfant s'avance... il cesse de
« manger ; dès que l'enfant fait mine de s'éloi-
« gner, il crie bien fort : *Momon !* *Momon !* Bien
« souvent j'ai fait renouveler la scène, car elle

« m'intéressait et m'amusait. Faisant partir l'en-
« fant qui allait se cacher derrière un if tout voi-
« sin, Jaco cessait de faire la roue, son œil rede-
« venait jaune, et, poussant les cris répétés *Momon!*
« *Momon!* battait des ailes comme pour s'envoler
« dans la direction de l'arbre servant de cachette,
« puis l'enfant paraissait et la pantomime recom-
« mençait. »

— Déjà Brehm, dans son grand ouvrage sur la
Vie des animaux, a exprimé l'opinion que les
perroquets, loin d'être des jacassiers, *savent ce que
les mots signifient.* Mais laissons Brehm. M. de
Lacaze-Duthiers dit avoir entendu Jaco appeler
l'enfant par son nom.

— Vous oubliez qu'à la fin des vacances, l'enfant parti, l'oiseau ne poussait plus une seule fois
le cri *Momon :* « Rien de semblable ne se pro-
« duit à Paris, et toute démonstration cesse à la
« campagne quand l'enfant retourne à la pen-
« sion... Son langage est différent dans les deux
« localités, et ses affections changent de même
« que ses habitudes qu'il reprend très vite. »

— Quoi, voyant l'enfant en hiver, à Paris, Jaco
ne le reconnaît plus !

— Ce n'est pas à Paris que l'enfant réside, sa
pension étant dans le Midi.

— Pourquoi ne pas l'avoir fait venir à Paris pour voir ce que Jaco dirait à son apparition.

— L'idée de cette expérience a été émise par quelqu'un dès 1885, et M. de Lacaze-Duthiers l'a instituée depuis, mais à rebours, ainsi qu'il vient de l'apprendre au public dans le cours d'un nouveau mémoire intitulé *le Langage des bêtes* (*Revue scientifique*, 1891) : « Pendant tout un semestre d'hiver, « Jaco était resté à la campagne... Le jeune ly- « céen alla passer quelques jours dans cette mai- « son, accompagné par un professeur. A la vue de « l'enfant, Jaco, sans avoir été averti, s'écria : « Momon, Momon ! *il faisait pitié à voir*, **m'écri-** « **vait-on**, *tant les signes de sa joie étaient grands.* »

— Il est à regretter que cette expérience ait été faite par un tiers et cela dans le Midi !

— Je dois dire que dans son nouveau mémoire, M. de Lacaze-Duthiers n'attribue plus aux perroquets la compréhension des mots qu'ils articulent ; ils exprimeraient seulement leurs sentiments et leurs idées par *l'intonation* de leur verbiage : « Quand mon Jaco n'a rien à manger et qu'on « passe près de lui, il dit : « Ma pauvre Cocotte », « ou bien « mon pauvre rat », *avec un ton mièvre,* « *doucereux, prolongé,* qui indique très nettement « ses désirs.... Il aime passionnément les pépins

« frais de pommes ou de poires, et comme j'en
« recueille et les conserve pour les lui donner, dès
« que je m'approche et que je fais le mouvement
« pour mettre la main à la poche, il ne manque
« pas de dire : Pauvre Coco, *avec un ton de sup-*
« *plique* qu'il est impossible de méconnaître. Lui
« présente-t-on au contraire une dragée où une
« amande, il dira: « Tiens, ma pauvre Cocotte »,
« mais *d'un ton comique.* Et quand enfin il goûte à
« l'amande ou à la dragée, alors il fait entendre
« une série de petits: « Ah ! produisant une sorte
« de gazouillement. » Le langage des autres oiseaux et celui des mammifères ne consisteraient
non plus dans les trilles des uns et dans les cris
des autres ; on se comprendrait encore entre congénères à l'intonation des sons émis. C'est toujours « *le ton qui fait la chanson* ». Les animaux se
parlent, se répondent, en accentuant différemment
les mêmes émissions de voix. M. de Lacaze-Duthiers recommande vivement au public de chercher à comprendre ce mode de langage et entre
autres exemples, il cite les deux faits que voici :
« Le chant du coq, revenant à des heures fixes si
« régulièrement, a une signification certaine,
« mais nous ne la saisissons pas. En automne, par
« une belle après-midi, si le coq chante et répète

« ses cris, entre deux et quatre heures, les pay-
« sans disent, dans quelques localités : Demain il
« y aura du brouillard, et le plus souvent ils ne
« se trompent pas. »

— L'intention du coq est-elle d'avertir les
paysans ou les poules?

— M. de Lacaze-Duthiers ne s'est pas expliqué
sur ce point. S'occupant du chien, il dit : « Où il
« est curieux d'étudier la voix du chien de garde,
« c'est la nuit, à la campagne. Si, dans le lointain,
« un chien aboie, celui de la maison répond et
« cela d'une façon toute spéciale. »

— Il y aurait donc une différence entre les
manières dont les deux chiens aboient?

— Il m'est arrivé bien des fois, étant dans l'inté-
« rieur de la maison et écoutant le chien de garde
« aboyant de la sorte, d'ouvrir les fenêtres afin
« de m'assurer s'il répondait à un autre chien
« éloigné, et alors je distinguai la voix d'un autre
« gardien aboyant *de la même manière* dans le
« lointain, et les aboiements se succédaient alter-
« nativement de l'un à l'autre, on sentait que
« l'un et l'autre *se répondaient.* »

— Mais puisqu'ils aboyaient de la même manière, ils ne se répondaient point.

— Vous n'y êtes point : « L'un des gardiens

« ayant eu son attention éveillée par quelque
« bruit insolite a transmis son impression à l'au-
« tre, semblable à ces sentinelles postées de loin
« en loin et poussant le cri classique de : « Senti-
« nelles, prenez garde à vous. »

— C'est sans doute pour d'autres découvertes
que M. de Lacaze-Duthiers siège à l'Académie des
sciences ?

— Assurément, mais, dans l'étude comparée de
l'homme et de l'animal, il faut bien que je le dise,
lui aussi a été victime de la suggestion positiviste.

LE

LANGAGE DES BÊTES

(Interprétations mythologiques de Milne-Edwards)

———

« Nos chats domestiques ont, à l'époque du rut,
« *un langage vocal* très remarquable, au moyen
« duquel les conjoints préludent à l'accouplement
« et paraissent converser entre eux ; mais les ani-
« maux de cette espèce qui ont été transportés
« dans certaines parties du Nouveau-Monde, où
« la température est uniforme pendant toute l'an-
« née, et qui s'accouplent en toutes saisons, ont
« perdu l'habitude de s'entretenir de la sorte, et
« ne font jamais entendre les lamentables miau-
« lements par lesquels nos chats expriment leurs
« désirs. »

Quelle différence avec les conjoints dans l'espèce humaine, mari et femme pouvant émigrer
en Bolivie sans perdre la parole !

« Tous les chevaux de nos charretiers appren-
« nent facilement à comprendre la signification
« de plusieurs sons que leurs maîtres ont l'habi-
« tude de proférer quand ils veulent les arrêter
« ou les faire tourner soit à droite, soit à gauche ;
« à cet effet ils disent *Ho, à Dia* ou *à Hu.* » — Oui,
mais comment les charretiers s'y prennent-ils
pour initier leurs chevaux au sens de ces mots ?
On dit à l'enfant qu'une de ses mains s'appelle
la *main droite*, l'autre, la *main gauche*, et bientôt
il comprend de lui-même la signification des
expressions *à droite, à gauche ;* est-ce que le char-
retier enseigne d'abord à ses chevaux qu'ils ont
deux flancs, le droit et le gauche ? C'est le fouet
qui est ici le moyen d'initiation. Si les bêtes
tournent à droite à l'audition du mot *dia,* c'est
que le flanc gauche leur a souvent cuit à ce son
et réciproquement. Milne-Edwards fait dire aux
charretiers grammaticalement *à* dia, *à* hu ; non,
ils disent simplement *dia, hu,* la préposition ne
leur paraissant pas nécessaire.

« Une personne de ma famille possède un ca-
« niche qui connaît le sens de beaucoup de

« mots..... ce chien connaît très bien le nom de
« plusieurs personnes de ma famille ; non seule-
« ment il se rend auprès de celles que son maître
« lui désigne nominativement ; mais dans plus
« d'une circonstance, il a manifesté clairement
« qu'il associait à un nom en particulier l'idée de
« la personne à laquelle ce nom s'appliquait, lors
« même qu'elle n'était pas présente. Ainsi son
« maître, en lui parlant un jour d'un enfant qu'il
« aimait beaucoup et qui avait l'habitude de jouer
« avec lui, mais qui était absent de Paris depuis
« plusieurs mois, lui dit : « Où est Jean, va le
« chercher. » On le vit monter à l'étage supérieur
« et se rendre à la chambre à coucher de son
« ami. »

Est-ce bien l'audition du mot *Jean* qui aura déterminé ici les mouvements de la bête ? N'aura-
t-elle pas simplement suivi la direction du regard
de son maître ? Devrait-il être besoin de rappeler
l'attitude du chien avec lequel on s'amuse en lui
faisant rapporter quelque objet ? Il est là, devant
vous, tout attentif à vos moindres mouvements,
même à ceux de vos yeux, prêt à s'élancer d'un
côté ou de l'autre ; eh bien, dans l'histoire de
Milne-Edwards, la bête a aussi eu l'œil sur celui
de son maître, et elle serait montée trente fois

de suite à l'étage supérieur, tandis qu'avec quelque peu de réflexion, elle aurait su dès la première fois que son ami Jean ne s'y trouvait pas.

Dans son illusion, Milne-Edwards dira encore ceci : « Ce même chien comprend aussi parfaite- « ment le sens des mots *ménagerie, promener,* « *échelle,* et plusieurs autres expressions qui se « rapportent à des objets sur lesquels son atten- « tion est souvent fixée. » Vraiment ! que ne lui a-t-on appris le sens des mots *boulanger, épicier, boucher.....,* on en eût fait un excellent commissionnaire. Veut-on savoir comment on dresse un chien à exécuter tel ou tel mouvement à l'audition de tel ou tel son ? M. Caillard nous l'apprend dans son intéressant livre sur le dressage des chiens de chasse : « L'une de vos poches contient « un petit sac garni de quelques friandises. Arrivé « sur le terrain, après avoir fait coucher le chien, « vous jetez au loin un petit morceau de pain ou « de viande, en faisant signe du bras d'avancer. « Il se précipite. Vous le laissez faire et manger « gaîment ce que vous lui avez jeté. Puis, quel- « ques instants après, vous jetez encore un mor- « ceau de choix ; mais au moment où il va l'at- « teindre, vous dites : TOUT BEAU, en marchant « sur la corde attachée au collier ou en la prenant

« à la main..... Tenez-le dans cette pose deux ou
« trois minutes, et laissez-le prendre en disant :
« *Prenez*..... Si le chien fait une faute, *secouez la*
« *corde* et ramenez-le au point d'où il est parti.
« Soyez sans crainte, son œil vous suit, et aussi
« loin que vous soyez, à moins d'être à perte de
« vue, *il est trop désireux de prendre le morceau de*
« *viande pour ne pas exiger de son regard toute*
« *l'acuité possible.* » Ce n'est pas de cette manière
que les mères apprennent aux enfants le sens des
mots et que l'abbé Sicard a initié Massieu à la nomenclature. Un chien comprendre le sens de mots
tels que *ménagerie, échelle !*

———————

A l'état sauvage, les ruminants, étant à brouter,
craignent constamment l'arrivée des carnassiers ;
or, si l'un des ruminants se trouve momentané-
ment repu, il sera tout entier à sa peur, de sorte
qu'apercevant le loup ou l'ours, il jette un cri de
frayeur et tous détalent. Mais Milne-Edwards a
encore vu la chose tout autrement : « Dans les
« bandes constituées par divers mammifères, on
« a pu constater que quelques individus remplis-
« sent les fonctions de *sentinelles* et veillent at-

« tentivement à la sécurité générale, pendant que
« les autres se reposent ou s'occupent tranquille-
« ment à paître ; ces sentinelles *se relayent tour à*
« *tour* (se communiquant sans doute la consigne)
« et, lorsqu'elles aperçoivent quelque cause de
« danger, elles donnent, soit intentionnellement,
« *soit d'une manière inconsciente,* des signes-d'a-
« larme dont leurs compagnons *comprennent le*
« *sens et savent profiter*, en gagnant précipitam-
« ment leurs retraites. »

Bien d'autres histoires, alléguées par Milne-
Edwards en faveur de notre assimilation aux
bêtes, sont du même acabit. En m'y complaisant,
mon but n'est pas de traiter la question de l'intelligence chez les animaux. Cette question se
trouve jugée puisque, n'ayant pas été initiés à
une nomenclature préalable, ils ne peuvent penser, réfléchir, raisonner comme nous. Par l'analyse de ces histoires, j'ai seulement voulu montrer de plus en plus le rapport qui relie les suggestions chez les savants aux suggestions de
l'hypnotisme. Chez Milne-Edwards, la *crédulité*
ou *crédivité*, conséquence de la suggestion scientifique, en est venue au point qu'il a encore argué
de l'histoire que voici : « Tilesius, naturaliste

« éminent, dont le talent comme observateur est
« bien prouvé par ses nombreux travaux zoolo-
« giques, raconte que son chien, après avoir été
« maltraité par un individu de son espèce, s'abs-
« tint pendant plusieurs jours de manger la to-
« talité de la ration qui lui était donnée, et mit
« en réserve une partie de ses aliments ; puis il
« sortit et ramena avec lui plusieurs chiens du
« voisinage qui se régalèrent des provisions ainsi
« amassées. Cela fait, tous ces animaux sortirent
« ensemble et, conduits par leur hôte, allèrent
« fort loin à l'endroit où demeurait le chien dont
« celui-ci avait à se plaindre, et là se jetèrent
« tous sur lui et le punirent sévèrement de ses
« méfaits. » Et, après mention d'un autre chien à
semblable intelligence vindicative, Milne-Edwards
continue en ces termes : « Je ne suppose pas que
« ces chiens aient raconté à leurs alliés ce qui
« leur était arrivé et leur aient dit ce qu'ils vou-
« laient d'eux, mais je présume que par des cris
« d'appel ils s'en étaient fait suivre et que, par
« d'autres moyens *non moins simples*, ils les avaient
« ensuite déterminés à les imiter et à leur porter
« secours. »

Ne mangeons pas toute notre ration, se sont
dit les deux chiens dans leur langage intérieur,

et puis nous saurons nous venger. Ne vous semble-t-il pas que Milne-Edwards aurait pu arguer tout aussi bien du *Loup et de* l'*Agneau* ou du *Renard et du Corbeau?*

Cependant, et malgré tous leurs efforts de nivellement, les zoologistes ne pouvaient pas ne pas reconnaître la profonde différence subsistant entre l'homme et les bêtes ; comment combler la lacune, l'abîme? C'est l'anthropologie qui va se charger de la tâche en présentant nos semblables à l'état sauvage comme des êtres intermédiaires entre nous et les singes. Attendez-vous ici encore à d'amusantes hallucinations, conséquences de la suggestion positiviste.

L'HOMME SELON L'ANTHROPOLOGIE

— —

Voici d'abord la profession de foi de Broca :

« L'orgueil, un des traits les plus caractéris-
« tiques de notre nature, a prévalu dans beaucoup
« d'esprits sur le témoignage tranquille de la rai-
« son. Comme ces empereurs romains qui, enivrés
« de leur toute-puissance, finissaient par renier
« leur qualité d'homme et par se croire des demi-
« dieux, le roi de notre planète se plaît à imaginer
« que le vil animal soumis à ses caprices ne sau-
« rait avoir rien de commun avec sa propre na-
« ture. Le voisinage du singe l'incommode et
« l'humilie, il ne lui suffit plus d'être le roi des
« animaux ; il veut qu'un abîme immense, inson-
« dable, le sépare de ses sujets, et parfois tournant
« le dos à la terre, il va réfugier sa majesté me-
« nacée dans la sphère nébuleuse du règne hu-
« main. Mais l'anatomie, semblable à cet esclave
« qui suivait le char du triomphateur, en répé-
« tant : *Memento te hominem esse*, l'anatomie vient
« le troubler dans cette admiration de soi-même

« et lui rappeler que la réalité visible et tangible
« le rattache à l'animalité [1]. »

Vous n'avez pas oublié le généralissime des
fourmis envoyant ses aides de camp sommer l'ennemi de se rendre, mais la prodigieuse différence
entre l'homme et les bêtes n'en subsistait pas
moins et, pour la combler, Broca assimilera tout
à fait certaines races humaines aux singes dont le
voisinage anatomique nous incommoderait si fort.
Ce sont surtout les Australiens qui feront les
frais de ce rabaissement et, comme l'on doit s'y
attendre, les amusantes hallucinations de la suggestion moderne se retrouveront ici encore.

On sait que le singe est ou semble intelligent
dans sa jeunesse et qu'avançant en âge il devient
morose, farouche, son intelligence paraissant alors
rétrograder. Selon Broca, tel serait l'Australien :
« On a pris de petits Australiens....., on les a sé-
« parés de leurs parents ; on les a élevés dans des
« écoles spéciales ; on leur a appris à lire, à écrire
« même, et à marmotter quelques prières. Mais
« quand arrivait l'âge de la puberté, leurs ins-
« tincts sauvages reprenaient le dessus. Ils jetaient

---

1. *Dictionnaire encyclopédique des sciences médicales.*
Article *Anthropologie.*

« leurs habits, s'échappaient par-dessus les murs,
« et s'en allaient vivre comme leurs parents qu'ils
« n'avaient jamais connus. »

Remarque. — En Australie, comme en Afrique,
j'en atteste l'expérience algérienne, les enfants
des indigènes, filles comme garçons, âgés seulement de cinq ans, n'ont plus rien à apprendre
sur le chapitre des mœurs ; ils savent donc par
anticipation ce qu'ils éprouveront à l'âge de la
puberté et chez eux celle-ci est précoce. Quoi
d'étonnant qu'en Australie les élèves n'aient plus,
un jour, la pensée aux études et qu'ils escaladent
les murs. Écoutez maintenant deux histoires alléguées par Broca à l'appui de sa thèse :

« Le fondateur de la colonie, le gouverneur
« Philips, avait admis à sa table, en 1788, l'Aus-
« tralien Bénilong, qui s'était bien fait venir par
« divers services rendus aux premiers colons.
« Quand Philips retourna en Angleterre en 1792,
« il emmena avec lui Bénilong et le garda dans
« sa maison jusqu'en 1795, époque à laquelle le
« capitaine Hunter fut nommé au gouvernement
« de la Nouvelle-Galles du Sud. Bénilong repa-
« rut dans sa patrie à la suite du nouveau digni-
« taire et fut admis à sa table comme il l'avait

« été à celle de son prédécesseur. Pendant quel-
« que temps, il se comporta d'une façon assez
« co nable, on le croyait presque civilisé, on
« ne lui supposait pas la fantaisie de quitter cette
« existence tranquille pour la vie sauvage des
« forêts. C'est pourtant ce qui arriva. Il fréquenta
« quelques noirs sans d'abord se ressentir en au-
« cune manière de ce contact, puis il revint peu
« à peu à sentir comme eux, à rêver comme eux
« des solitudes de l'intérieur. Un beau jour il se
« dépouilla de ses vêtements et disparut pour
« toujours. Il ne remit plus le pied dans la ville.
« Le révérend Marsden, chapelain de la colonie,
« qui vit Bénilong dans la forêt, raconte que cet
« homme, redevenu sauvage, ne regrettait aucune
« des jouissances de la civilisation. »

Remarque. — Cet indigène, qui mangeait à la
table des gouverneurs, était resté célibataire.
Après avoir passé une bonne partie de sa vie dans
l'heureuse situation auprès des deux dignitaires,
il doit avoir éprouvé le désir de se marier. Est-ce
une femme blanche qu'il aurait pu épouser? La
femme blanche a en horreur le nègre qui répugne
à la fois à sa vue et à son odorat. Bénilong se met
en rapport avec des compatriotes, disparaît avec

eux, prend femme et, dans sa vie nouvelle, il ne regrette aucune des jouissances de la civilisation.

Voici la seconde histoire, racontée par Cuningham et utilisée par Broca[1] : « Un Australien « aborigène, que j'avais connu dès sa plus tendre « enfance, appartenait à la tribu des Paramattas, « son nom anglais était Daniel ; c'était un fort « beau jeune homme. M. Caley, le botaniste, « l'avait recueilli chez lui, et il le garda pendant « quelques années. Quand M. Caley retourna en « Angleterre, Daniel l'accompagna et il y resta « longtemps ; *il fut introduit dans les principales* « *sociétés de Londres.* Enfin il revint à la Nouvelle- « Galles du Sud, et la première fois que je le vis, « il était assis, tout nu, sur le tronc d'un arbre, « dans le bois.... Je lui exprimai mon étonne- « ment de le voir en cet état, et lui demandai « pourquoi il avait quitté ses vêtements pour « vivre dans les forêts ; il me répondit que les bois « étaient ce qu'il aimait le mieux. Peu de temps « après, Daniel rencontra une jeune femme qui « était venue d'Angleterre ; comme elle retournait « chez son père, il se permit de l'attaquer et de

---

1. Broca, *Bulletins de la Société d'anthropologie,* 1860 et 1861.

« la violer. Il fut arrêté, exécuté pour ce crime,
« et mourut bravement comme un sauvage. »

Remarque. — Introduit dans la haute société
de Londres, le beau Daniel a à y rêver mariage ;
quelle illusion ! De retour en Australie, il y
trouve le mépris pour sa race. Désespéré, il jette
ses vêtements et s'en va rejoindre les siens. Un
jour il rencontre dans les bois une femme blanche
et le forfait est commis ; est-ce que la nature
même du forfait et sa soudaineté ne justifient pas
mon interprétation ? Nègres célibataires transportés dans des milieux où impossibilité leur est
de se créer une famille, ou bien, dans le pays
même, enfants devenus pubères, depuis longtemps initiés aux particularités de cette période
de la vie et que l'on retient dans les écoles, quand
si près d'eux la race vit en pleine liberté, ce n'est
pas un instinct, une force occulte qui les pousse
à la vie sauvage, mais simplement l'anomalie de
la situation qui leur est faite. Je ne suis pas le
premier à critiquer les expériences dont les Australiens et les autres sauvages ont été l'objet et,
sans doute, on s'étonnera d'apprendre ce qui a
été dit de ces expériences par Auguste Comte :
« Elles ont été conçues et poursuivies d'une ma-

« nière trop peu rationnelle pour que je croie
« franchement pouvoir leur attribuer déjà une
« vraie valeur scientifique [1]. »

Cependant, en anthropologie, la doctrine positiviste de Broca ne cessera pas de prédominer :
« Quelle que soit son origine, écrira M. Topinard,
« quel que soit son avenir, l'homme, pour l'an-
« thropologie, n'est qu'un mammifère..... Comme
« tel, il est soumis aux mêmes lois que le reste
« des animaux. Comme tel, il partage leurs des-
« tinées. Individu, il naît, se reproduit, et meurt.
« Humanité, il projette une vive lumière et se
« perpétue comme ces soleils qui éclairent des
« mondes et finissent par s'éteindre. » C'est dans
un livre aujourd'hui classique [2] que cela se lit et
encore ceci : « Plusieurs espèces de singes se
« donnent à l'instar de l'homme un chef qui di-
« rige leurs opérations et auquel ils obéissent.
« Les *hurleurs* ou *mycètes*, de la famille des cé-
« biens, ont des assemblées dans lesquelles l'un
« d'eux parle des heures entières au milieu d'un
« silence général auquel succède une grande agi-
« tation qui cesse dès que l'orateur prend la pa-

---

1. *Cours de philosophie positive*, t. IV, p. 206.
2. *L'Anthropologie*, par Topinard.

« role. » — La poule même aurait un langage qui correspond au petit nombre de sentiments et de besoins en rapport « avec sa modeste existence »..... Et à propos des sentiments religieux : « Sait-on si ces oiseaux, qui entonnent de longs « cantiques au lever du soleil, ne sont pas mus « par une impulsion intérieure à célébrer la na-« ture et les satisfactions infinies qu'elle leur « accorde ! C'est bien près de l'adoration. »

Et au sujet de nos semblables sauvages : « Bon « nombre de peuplades n'ont pas les moyens de « compter au delà de deux, et sont moins favo-« risés sous ce rapport que la pie, qui compte « jusqu'à trois, d'autres disent jusqu'à douze..... « Pour ces peuplades, au delà de trois, six, c'est « l'infini, l'inconnu, l'incompréhensible. » Comment ne pas croire à cette sorte d'idiotie ? Tout récemment, en 1884, arrivèrent à la Société d'anthropologie trois Australiens amenés par un Barnum et un des membres de la savante compagnie s'exprima sur eux en ces termes : « La question « de la numération des Australiens n'est plus à « élucider ; on a sur ce sujet tous les renseigne-« ments désirables, et l'examen auquel j'ai assisté « tout à l'heure a confirmé pleinement pour moi « ce que savent tous ceux qui se sont occupés de

« cette question..... Les dialectes australiens ne
« comptent que jusqu'à trois. On a fait compter
« *en anglais*, il y a quelques instants, un de ces
« indigènes jusqu'à vingt et plus, mais il n'y a
« eu là qu'un exercice sans portée aucune : lors-
« qu'il disait *seven, ten, twenty* (sept, dix, vingt),
« cet individu n'avait aucun sens de ce qu'il di-
« sait. »

Remarque. — En 1880, de retour d'une mission
scientifique en Australie, M. Charnay a écrit ce
qui suit à propos d'une école d'indigènes qu'il
est allé visiter : « J'assiste à la solution de cer-
« tains calculs, additions et multiplications, réus-
« sies après un long travail. » Nous sommes loin
de la pie, voire même comptant jusqu'à douze.
Est-ce que l'intelligent Bénilong, admis à la table
de deux gouverneurs, n'aurait pas su compter au
delà de six ?

Tous les individus d'une même race humaine
n'être intelligents en numération que jusqu'au
nombre trois ou six inclusivement, et à partir de
sept, tous être idiots, quelle nouvelle preuve en
faveur du rapport reliant les bizarreries de l'anthropologie aux hallucinations de l'hypnotisme !
On s'est mis en tête que les sauvages sont des
créatures intermédiaires entre nous et les singes,

et quand des Australiens viennent compter en anglais jusqu'à vingt et plus, s'imaginer qu'à partir de six, ils ne savent plus ce qu'ils disent ! Peut-être aussi l'illusion a-t-elle été entretenue par le Barnum qui, ayant déjà visité d'autres sociétés anthropologiques, aura connu l'adage de l'école et stylé son monde en conséquence. Les naturels australiens sont plus malicieux qu'on ne croit, à en juger par ces autres lignes de M. Charnay :

« L'un d'eux, à qui M. Strickland (le directeur « d'un établissement agricole) faisait des repro- « ches sur sa paresse, lui répondit : Et toi-même, « pourquoi ne travailles-tu pas ? — Mais je tra- « vaille, lui disait le directeur ; ne vois-tu pas « que je m'occupe de vous du matin au soir, que « je pense à votre bien-être, que je veille à votre « éducation et au développement de vos facultés « morales ? — Joli travail, fit le noir ; oh ! j'en « ferais bien autant ; donne-moi ta place et prends « la mienne.

« Un autre répondit la même chose ou à peu « près : Tu veux que je travaille, lui disait-il, « mais toi, tu es gros et gras et bien payé, et tu « ne fais rien ; non, je ne travaillerai pas. Je vais « à la chasse. Et il y alla [1]. » Que les Australiens

1. Charnay, *le Tour du Monde*, 1880.

soient ou non civilisables, là n'est pas la question. C'est du degré de leur intelligence qu'ici il
s'agit ; or, même chez nous, en France, on ne le
sait que trop, maint de nos compatriotes tient
aujourd'hui sur le travail les mêmes raisonne-
ments.

Ab uno disce omnes. Si encore aujourd'hui l'anthropologie se complaît dans ses illusions sur
une race dont les mœurs s'étalent depuis un siècle
devant la colonie anglaise, quelle créance ac-
corder aux dires de cette science sur les Anda-
mans et autres naturels si rarement visités par
les voyageurs ? Et voici que, remontant aux premiers âges de l'humanité, elle rabaisse nos plus
anciens ancêtres à un degré encore plus infime de
l'animalité ; est-ce donc qu'elle conteste la situation
si critique d'alors ? « La plupart des animaux, dit
« M. Topinard lui-même, ont des moyens naturels
« de protection et de défense. Le gorille même a
« une fourrure relative, des canines puissantes et
« un système musculaire d'une vigueur extraor-
« dinaire. D'autres mammifères ont l'agilité et
« une rapidité à la course qui les sauvent de leurs
« ennemis. L'homme n'a rien de tout cela. « Nu
« et sans armes », tels sont les caractères que lui
« a donnés Linné. Tous ses moyens d'action, il

« les doit à *son industrie* ; dès l'époque tertiaire,
« il a fait du feu et pris des cailloux pour les fa-
« çonner en ustensiles[1]. »

Quelles brutes, n'est-ce pas, que nos premiers
ancêtres, se défendant contre les grands carnassiers rien qu'avec des cailloux et, dans leurs cavernes, se précautionnant contre les serpents qui
s'y glissaient ! Et à l'âge de la pierre a succédé
l'âge du bronze. Qu'est-ce que le bronze ? C'est
un alliage de cuivre et d'étain. Quelles brutes
encore que ces descendants immédiats avec leurs
notions de chimie ! Quelle ingénieuse théorie
que celle de l'identité des deux intelligences humaine et animale !

Ces plaisantes erreurs de l'anthropologie déri-
vent évidemment de la profession de foi positiviste
qu'on a lue plus haut et qui, légèrement modifiée,
devient tout à fait comique.

Avec l'idée moderne que c'est **à la science** *à ré-
former, à régénérer la société, l'orgueil a prévalu* **chez
beaucoup de savants** *sur le témoignage tranquille
de la raison. Comme ces empereurs romains, je me
trompe, de même que le grand roi d'Assyrie s'est cru*

_____

1. *Op. cit.*, p. 153.

lui-même être Dieu et, n'ayant pas tardé à se croire métamorphosé en bœuf, est allé errer parmi les bêtes, de même le savant d'aujourd'hui se plaît à imaginer que le vil animal soumis à ses caprices a tout en commun avec sa propre nature. Le voisinage du singe ne l'incommode ni ne l'humilie, et il lui suffit d'être le plus élevé de ses semblables en animalité. Il ne veut absolument pas en être séparé, et tournant le dos **à la tradition,** il se cramponne à son échelon zoologique. Mais l'anatomie, je me trompe à nouveau, mais **la tradition,** semblable à cet esclave qui suivait le char du triomphateur, en répétant memento te hominem esse **(tu n'as pas seulement un cerveau, mais encore un esprit),** la tradition vient le troubler dans cette admiration de soi-même et lui rappeler que la vraie réalité le rattache aussi à un monde différent de celui d'ici-bas.

RÉSUMÉ GÉNÉRAL

ET CONCLUSIONS

L'homme pense, réfléchit, raisonne, *en se parlant mentalement.* Contrairement à ce qui est admis, les petits enfants ne commencent à penser qu'autant qu'ils ont été initiés préalablement au sens d'un nombre suffisant de mots *désignant des objets,* proposition qui se trouve démontrée expérimentalement par l'état mental des sourds-muets avant et depuis la découverte des moyens de les instruire.

L'assertion que le sourd-muet invente ses gestes est un dire purement scolastique, car de tous temps les parents et l'entourage ont dû, les premiers, parler par gestes au sourd de naissance pour faire, autant que possible, son éducation.

Chez les animaux, les femelles n'apportant pas à leurs petits des objets multiples et divers pour les leur désigner par tels ou tels cris ou par certains mouvements particuliers, l'intelligence qui se remarque chez les animaux, intelligence très grande, doit être d'une nature essentiellement différente de la nôtre qui est caractérisée par *la parole intérieure.*

Dans la question de l'intelligence chez les animaux, toute comparaison avec l'intelligence de l'homme doit être écartée d'emblée, la science moderne, pour avoir raisonné par induction, se trouvant ici en pleine mythologie.

Aucun animal ne se parlant mentalement, la parole intérieure se trouve être *la caractéristique* de l'intelligence humaine. Il faut donc, en ce qui concerne la nature de notre intelligence, revenir à l'ancienne idée d'un *Règne humain* aussi différent du règne animal que le *Règne minéral* l'est du règne végétal.

Si les plantes sont des êtres *vivants*, les animaux, des êtres *sensibles*, seul l'homme *possède la parole intérieure.*

L'assertion physiologique que le sentiment du *moi* serait une illusion, un état fictif, se trouve réfutée par le fait que, dans nos méditations, il nous arrive bien souvent d'examiner le pour et le contre d'une question ; or, d'après l'assertion physiologique, ce sont nos cellules cérébrales qui discuteraient entre elles les points en litige.

Si ces errements des hommes de science n'ont pas été rectifiés jusqu'ici par la *psychologie,* c'est que celle-ci, confinée systématiquement dans le domaine de *l'observation intérieure,* n'a pas encore accordé aux cellules cérébrales la part qui leur revient dans notre fonctionnement mental.

Le lecteur jugera de la justesse de la doctrine mixte qui m'a guidé, par la manière dont j'ai traité les diverses questions se rattachant à celle de la parole intérieure, *aphasie, rêves, délire, aliénation mentale, suggestions de l'hypnotisme, surdimutité....*

Il faut absolument revenir à l'idée traditionnelle que l'homme a un esprit en plus du cerveau, et que l'esprit peut dominer le cerveau.

La croyance à quelque distinction radicale entre l'homme et les bêtes se trouvant au fond de toutes les religions, science et religion ne sont plus, du moins sous ce rapport, en antagonisme absolu.

La possibilité d'un accord entre la Science et la Religion découle du reste de ces mémorables lignes de Claude Bernard : « La philosophie et la théo-
« logie, a-t-il écrit, ont la liberté de traiter les
« questions qui leur incombent par les méthodes
« qui leur appartiennent.... Ce sont des domaines

« séparés dans lesquels chaque chose doit rester
« en sa place ; c'est la seule manière d'éviter la
« confusion et d'assurer le progrès dans l'ordre
« physique, intellectuel, politique, moral. »

Malheureusement les habitants de ces domaines
sont trop enclins à en sortir, et une fois dehors, à
en venir aux mains. C'est à l'État qu'il appartient
d'obvier à ces conflits, le maintien de la paix publique rentrant dans ses attributions.

A défaut d'un accord parfait entre la Science et
la Religion, n'y a-t-il pas quelque *modus vivendi* ?
Ainsi que je crois l'avoir montré dans cet opuscule,
les savants devraient d'ores et déjà revenir à l'enseignement traditionnel que l'homme est, sous certains rapports, un être tout à fait distinct des bêtes,
que le sentiment que chacun de nous a de son *moi*
n'est pas un état fictif, que notre *moi* (âme, esprit)
peut réagir contre le fonctionnement cérébral,
finalement que nous sommes tous responsables de
nos actes, hormis en certains cas depuis longtemps
plus ou moins déterminés par la loi.

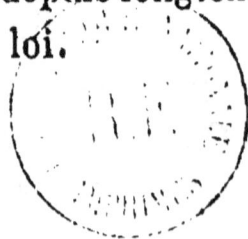

TABLE DES MATIÈRES

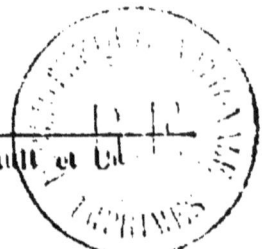

Nancy, Imprimerie Berger-Levrault et Cie

LIBRAIRIE BERGER-LEVRAULT ET Cⁱᵉ

PARIS, 5, rue des Beaux-Arts. — 18, rue des Glacis, NANCY

OUVRAGES DU DOCTEUR A. NETTER

BIBLIOTHÉCAIRE UNIVERSITAIRE A NANCY
MÉDECIN PRINCIPAL EN RETRAITE
OFFICIER DE LA LÉGION D'HONNEUR ET DE L'INSTRUCTION PUBLIQUE

LA FONTAINE ET DESCARTES

OU

LES DEUX RATS, LE RENARD ET L'ŒUF

*Un volume in-12, broché : **2 fr.***

VUES NOUVELLES

SUR LE CHOLÉRA

CAUSE, NATURE ET TRAITEMENT

Avec une étude sur les injections faites dans les veines

*Volume in-8° broché, **2 fr. 50** c.*

INJECTION D'EAU

DANS LA

CAVITÉ PÉRITONÉALE

COMME TRAITEMENT DE LA PÉRITONITE AIGUE

*Brochure in-8°, **1 fr. 50** c.*

Nancy, imp. Berger-Levrault et Cie.

www.ingramcontent.com/pod-product-compliance
Lightning Source LLC
Chambersburg PA
CBHW072242270326
41930CB00010B/2228